DAS

COMPENSATIONSVERFAHREN

IM

VORJUSTINIANISCHEN STRICTI JURIS JUDICIUM.

VON

DR. JUR. ERNST STAMPE.

LEIPZIG,
VERLAG VON VEIT & COMP
1886.

Druck von Metzger & Wittig in Leipzig.

Inhalt.

Einleitung.

Die Entwickelungsgeschichte eines allgemeinen Compensationsverfahrens im *stricti juris judicium* bis zum Erlass der l. ult. C. comp., — die Frage also, ob und mit welchen näheren Massgaben im vorjustinianischen *stricti juris judicium* zur Realisirung der Compensation allgemein ein prozessuales Verfahren zur Verwendung kam, — ist seit den letzten 40 Jahren der Gegenstand brennender Kämpfe geworden. Es ist dies eine der schwierigsten Materien in der römischen Rechtsgeschichte: besonders desshalb, weil, bei der Dürftigkeit, den Widersprüchen und dem bisweilen orakelhaften Dunkel des derzeit vorhandenen Quellenmaterials, dem Forscher vielfach als Urtheilsgrundlage allein die *ratio juris*, der Geist, den das römische Recht in seiner Allgemeinheit athmet, zu Gebote steht.

Gleichwohl hat, wie ich, nach eingehender Beschäftigung mit dieser verwickelten Frage, mich überzeugt habe, die Wissenschaft das Richtige in allen wesentlichen Punkten bereits entdeckt. Ich sehe mich daher — wie man mir gerne zugeben wird, glücklicherweise — nicht in die Nothwendigkeit versetzt, zu den vielen bereits bestehenden Ansichten noch eine weitere neue hinzuzufügen.

Meine Untersuchungen haben mir aber eine Anzahl Ergebnisse aufgedeckt, die mir zum Theil nicht unwichtige Stützen für die Richtigkeit der Ansicht, welcher ich mich anschliesse, zu sein scheinen, zum anderen Theil aber meines Erachtens wenigstens die Haltbarkeit der gegnerischen Aufstellungen untergraben helfen, — und die ich gleichwohl bisher noch nicht beachtet finde.

Sodann erschien es mir wünschenswerth, dass der schwierige Stoff einmal in anderer Weise als bisher dargestellt werde: nämlich unter abgesonderter scharfer Hervorhebung der materiellrechtlichen Grundlagen, und mit möglichst genauer Bestimmung der einzelnen in dem Verfahren enthaltenen Vorgänge. Ich glaube, dass durch solche Anordnung die Gründlichkeit der Erörterung sehr gefördert, und das Verständniss der Forschungsergebnisse wesentlich erleichtert wird.

Die Durchführung einer in obgedachter Weise sich aufbauenden Darstellung und die Vorführung der neuen Beweismittel innerhalb der letzteren, sind die Aufgaben der vorliegenden kleinen Schrift. Möge dieselbe, als ein erster Versuch auf dem Gebiete juristischer Schriftstellerei, sich einer nachsichtigen Beurtheilung zu erfreuen haben.

Erstes Kapitel.

Uebersicht der Doktrin.

I. Ansichten über Alter und Fortbestand des Verfahrens.

§ 1. Beginnen wir mit einer Rundschau über die verschiedenen Stellungen, welche man in der Rechtswissenschaft zu unserer Frage einnimmt.

Man ist übereinstimmend der Ansicht, dass im klassischen römischen Recht ein allgemeines Compensationsverfahren für das *stricti juris judicium* bestanden hat.

Bestritten ist aber der Zeitpunkt seiner Entstehung. Wohl die Mehrzahl der Schriftsteller bringt die Einführung des besagten Verfahrens in Zusammenhang mit dem in § 30 I. act. 4, 6 erwähnten Rescript Marc Aurel's; nach Brinz, Scheurl, Eisele und Dernburg hat dieselbe dagegen schon früher, etwa in der ersten Kaiserzeit, stattgefunden.

Bestritten ist auch die Dauer seines Bestehens. Dieser Streit wird namentlich hervorgerufen durch die sogenannten *ipso jure*-Stellen, die l. l. 4. 10 pr. 21 comp. (h. t.), l. 4 C. comp. (h. t.). Auf Grund dieser Quellenzeugnisse behauptet man nämlich von verschiedenen Seiten Aenderungen des materiellen Compensationsrechts, welche die Fortdauer eines Compensationsverfahrens ausschliessen.

Und zwar findet die früher herrschende Meinung in diesen Stellen den Rechtssatz ausgesprochen, dass die Compensation im Moment des Coexistentwerdens einer geeigneten Gegenforderung ohne alles menschliche Zuthun, von selbst eintrete. Diesem Ergebniss pflichtet auch neuerdings Brinz — im Gegensatz zu seiner früheren, eine Aenderung des materiellen Compensationsrechts durch jene Stellen in Abrede nehmenden Ansicht — bei, insbesondere in der Krit. Vierteljahrsschrift XIX, p. 339ff.; er vertheidigt diese *ipso jure compensatio* jedoch nur für die Gegenforderungen *ex dispari causa* im *stricti juris judicium*, und mit Zugrundelegung eines eigenthümlichen Begriffes der *compensatio,* wonach dieselbe nicht Aufhebung, sondern nur „Aufwägung“ der Gegenforderungen, eine Befreiung der Gegenschuldner ohne Tilgung der gegenseitigen Schuldposten bedeutet.

Die jetzige *communis opinio* entnimmt dagegen aus den besagten Stellen, es sei zwar nicht mit dem Coexistentwerden der Gegenforderung die Compensation von selbst eingetreten, wohl aber werde, wenn der Schuldner sich später auf Compensation berufe, der Vonselbsteintritt derselben im Moment des Coexistentwerdens fingirt. Zieht man hinter dem Vorgang, der hier fingirt wird, denjenigen, welcher sich nach jener Ansicht in Wirklichkeit abspielen muss, hervor, so ergiebt sich als Inhalt der letzteren: Vollzug der Compensation durch einseitige Erklärung des Compensationsberechtigten, und Ausstattung dieses Vollzuges mit rückwirkender Kraft bis zu dem Augenblick des Coexistentwerdens.

Die Anhänger der vorgedachten Ansichten müssen, da die *ipso jure*-Stellen ohngefähr dem Anfange des dritten Jahrhunderts entstammen, und die Fortdauer des durch sie begründeten materiellen Compensationsrechts während der weiteren vorjustinianischen Zeit behauptet wird, das Compensationsverfahren aus dem *stricti juris judicium* ca. mit dem Jahre 200 p. Chr. verschwinden lassen. Von der Gegenseite wird dem gegenüber das Fortbestehen des Verfahrens auch während der ganzen Folgezeit behauptet.

II. Ansichten über die Art und Weise der Entwickelung.

§ 2. Für die Zeit vor dem Reskript Marc Aurel's über die Compensation.

Bestritten ist endlich in hohem Grade die Art und Weise der Entwickelung des fraglichen Compensationsverfahrens, und zwar bezüglich der sämmtlichen wesentlichen Punkte. Die Ansichten gehen nämlich auseinander:

1. betreffs der Natur der prozessualen Zwangsmittel, welche dem Compensationsberechtigten zur Einleitung des Verfahrens zu Gebote standen;

2. bezüglich des Charakters des durch jene Zwangsmittel hervorgerufenen Verfahrens, und endlich

3. insonderheit darüber, in welchem der durch dasselbe herbeigeführten Vorgänge das den Vollzug der Compensation veranlassende Moment zu finden sei.

Es werden sodann vielfach Aenderungen des Compensationsverfahrens im Laufe der vorjustinianischen Zeit angenommen. Es empfiehlt sich desshalb, die Ansichten über die Art und Weise der Entwickelung nach Zeitabschnitten getrennt darzustellen; und zwar wollen wir drei Perioden unterscheiden: die Zeit bis zu dem oben genannten Reskript Marc Aurel's; die Zeit bis zu den *ipso jure*-Stellen; — endlich die fernere vorjustinianische Zeit.

Von den Schriftstellern, welche bereits für die Zeit vor dem Reskript Marc Aurel's ein gemeines Compensationsverfahren im *stricti juris judicium* annehmen, vertheidigt Eisele (p. 35 ff.), gestützt besonders auf seine Auslegung der l. 2 h. t., die allgemeine Einführung eines Verfahrens mit gerichtlicher[1] Compensation, welches nach seiner Ansicht die Gestalt der in Gajus IV, 64 ff. geschilderten *actio cum compensatione* hat.

Das Wesen dieses *agere cum compensatione* besteht nach Eisele, der diesbezüglich mit der herrschenden Meinung übereinstimmt, darin, dass eine bestimmte Summe unter der ausdrücklichen Motivirung, sie bilde den Ueberschuss der Forderungen des Klägers über diejenigen des Beklagten, eingeklagt wird; in der dem entsprechend gefassten *formula* wird der *judex* angewiesen, die Richtigkeit der vom Kläger vorgenommenen Berechnung zu prüfen — zu welchem Zwecke er die gegenüberstehenden Forderungen seiner Cognition auf Bestand und Compensabilität hin unterwerfen muss — und sodann, je nach Befund, auf die eingeklagte Summe zu condemniren oder zu absolviren. Kläger verliert dabei, wenn der *judex* befindet, dass er einen zu hohen Saldo eingeklagt hat, wegen *plus petitio* seinen wahren Ueberschuss; es liegt also in seinem eigenen Interesse, richtig zu rechnen. Mehr verliert er aber — abgesehen bei Geldforderungen von der *poena restipulationis* — nicht; wenigstens nicht ohne Entgelt; denn soweit die gegenüberstehenden Forderungen sich decken, werden sie durch gerichtliche Compensation aufgehoben; und zwar ist, wenn ich Eisele recht verstehe (cf. seine Auslassungen p. 32 ff. 383 ff.), das tilgende Moment die prozessuale Consumtion.

Damit es nun zum *agere cum compensatione* komme, war nach Eisele, je nach der Sachlage, der Gebrauch zweier verschiedener

[1] Man unterscheidet Verfahren mit gerichtlicher und solche mit vertragsmässiger Compensation. Die Verschiedenheit beruht in der Natur des Compensationsvollzuges. Derselbe wird bei Verfahren letzterer Art bewirkt durch einen von den Parteien abzuschliessenden Compensationsvertrag; die Verfahren mit gerichtlicher Compensation erzeugen ihn durch anderweitige prozessuale Vorgänge (z. B. richterliches Dekret, Consumtion).

Zwangsmittel seitens des Beklagten nöthig. Gegenüber den Klagen aus dem Kontokurrentverhältniss des Argentariers, sowie bei Klagen aus prätorischen Cautionalstipulationen (Eisele p. 36) genügte ein vom Beklagten *in jure* gestellter Antrag, dem Kläger nur *actio cum compensatione* zu gestatten; daraufhin wurde Letzterem vom Prätor die *actio pura* denegirt und nur *formula cum compensatione* gegeben. In allen anderen Fällen aber, wo A mit einer *actio pura* und B dagegen mit einem Compensationsbegehren auftritt, hatte ein solcher blosser Antrag des B gar keine Wirkung; der Prätor hätte ihn nicht beachten dürfen, sondern dem A trotzdem *formula pura* ertheilen müssen. Hier war es, um das *agere cum compensatione* herbeizuführen, vielmehr nothwendig, dass B *in jure* erklärte, seinerseits seine Gegenforderung mit *actio cum compensatione* einklagen zu wollen, und um Ertheilung der entsprechenden *formula* einkam; erst dann wurde dem A die *actio pura* denegirt und zugleich die *formula cum compensatione*, mit B in der Klägerrolle, instruirt.

Brinz (Comp. p. 76 ff.), Scheurl (p. 161) und Dernburg (p. 161) behaupten dagegen, von einer anderen Auslegung derselben l. 2. h. t. ausgehend, für diese Periode einen von dem Eisele's ganz verschiedenen Compensationsmodus. Das Zwangsmittel des compensationsberechtigten Beklagten war nach ihnen der, unter Behauptung der compensablen Gegenforderung gestellte, Antrag auf Inserirung einer *exceptio doli* in die *formula*. Der Prätor jener Zeit habe bereits ein doloses Verhalten darin gesehen, wenn dem Gegner, der eine zur Compensation geeignete Forderung hatte, seitens des mit einer *stricti juris actio* gegen ihn Vorgehenden Abrechnung verweigert und Baarleistung des ganzen Betrages der Klagforderung angesonnen wurde; er habe daher für solche Sachlage *exceptio doli* verheissen.

Auf jenen Antrag entwickelt sich nun nach Dernburg folgendes Verfahren: Die *exceptio doli* wird inserirt. Auf Grund ihrer prüft der *judex* zunächst das Vorhandensein des behaupteten *dolus* und unterzieht zu diesem Zweck die Gegenforderungen in Hinsicht darauf, ob sie den Compensationsbedingungen entsprechen, einer Untersuchung. Wird das Vorhandensein der Compensabilität und damit der *dolus* festgestellt, so giebt der *judex* vor Erlass der Sentenz dem Kläger *sub praejudicio* gänzlicher Abweisung auf, vertragsmässig mit dem Beklagten zu compensiren und, wenn die Klagforderung die Gegenforderung übersteigt, seine Klage auf den etwaigen Rest zu beschränken. Kommt Kläger diesem Befehle nach, so ist damit der Prozess beendet, resp. es erfolgt schliesslich die *condemnatio* des Beklagten in jenen Ueberschuss. Weigert Kläger aber auch auf das Interlocut hin noch die

Compensation, so wird er durch Urtheil gänzlich abgewiesen, und Beklagter behält seine Gegenforderung völlig intakt.

Also ein Verfahren mit vertragsmässiger Compensation, unter Vorbereitung durch richterliche Untersuchung über die Gegenforderungen und richterlichen Compensationsbescheid.

Ein Verfahren mit gerichtlicher Compensation herbeizuführen, war das Zwangsmittel des Beklagten, nach Dernburg, nicht im Stande. Instruktionen bezüglich der Gegenforderung sowie Macht über dieselbe empfing der *judex* einzig durch die inserirte *exceptio doli*; diese aber wies ihn bezüglich jener lediglich zu der erwähnten Untersuchung über die Compensabilität an; war letztere und damit der *dolus* des Klägers festgestellt, sowie daraufhin das Interlocut erlassen, so war damit die richterliche Thätigkeit betreffs der Gegenforderung zu Ende; die *exceptio* ermächtigte den *judex* zu keinerlei Verfügung, welche eine gerichtliche Compensation hätte veranlassen können; sie konnte ihn gar nicht dazu ermächtigen, denn nach Dernburg war die *exceptio* damals rein exclusorischer Natur; sie konnte dem *judex* nur bezüglich der Klagforderung etwas anbefehlen, und zwar unabänderlich nur Eines: gänzliche Absolution des Beklagten für den Fall, dass der Exceptionsthatbestand begründet war. — Die prozessualen Vorgänge liessen die Gegenforderung also völlig unberührt; das Cognitionsverfahren vermochte auch nicht, eine prozessuale Consumtion derselben herbeizuführen.

Brinz und Scheurl, die, wie Dernburg, die exclusorische Natur der *exceptio* behaupten, nehmen daher gleichfalls ein Verfahren mit vertragsmässiger Compensation an; wie dasselbe aber näher von ihnen gedacht wird, vermag ich nicht klar zu stellen, da hierzu genügende Auslassungen in ihren Schriften fehlen.

§ 3. Für die weitere vorjustinianische Zeit.

I. Ueber den Entwickelungsgang seit der Zeit des Reskripts bestehen drei verschiedene Ansichten, jede von einer ganzen Gruppe Schriftsteller vertreten.

Die erste, von Bethmann-Hollweg (Rhein. Museum für Jurisprudenz I [1827], p. 257 ff.) und Keller (Pand. p. 521 ff. [1861]) geführte Gruppe (deren Anhänger zugleich sämmtlich Vertheidiger der Ansicht sind, dass erst seit der Zeit des Reskripts ein gemeines Compensationsverfahren im *stricti juris judicium* aufkam) nennt als Zwangsmittel den (bereits oben erörterten) Antrag auf Inserirung einer *exceptio doli*. Des Weiteren vertheidigt sie, indem sie an der exclusorischen

Natur der *exceptio* auch für die Folgezeit festhält, ein Verfahren mit vertragsmässiger Compensation. Die Unmöglichkeit gerichtlicher Compensation wird dabei mit Vorliebe speziell aus der Unfähigkeit der *exceptio*, eine *condemnatio in minus*, d. h. eine Verurtheilung auf weniger, als die eingeklagte Summe, zu erwirken, hergeleitet.

Bei den näheren Modalitäten des Verfahrens scheint mir KELLER ganz die vorher geschilderten DERNBURG'schen Annahmen zu theilen. Andere hingegen führen die Consequenzen der exclusorischen Natur der *exceptio* strenger durch. Nach ihnen musste, wenn es auf den Antrag des Beklagten überhaupt zur Compensation kommen sollte, der Kläger compensiren, bevor die *exceptio* inserirt wurde, also noch vor der *litis contestatio.* Nach inserirter *exceptio* hatte der *judex*, wenn das Vorhandensein des *dolus* festgestellt war, auch nicht zur Einleitung vertragsmässiger Compensation mehr die Macht; er musste dann vielmehr sofort den Beklagten gänzlich absolviren, und dieser behielt so seine Gegenforderung.

Die unter DERNBURG's[1] Aegide stehende zweite Gruppe — deren Mitglieder, den Führer ausgenommen, die erste Einführung eines Compensationsverfahrens ebenfalls mit dem Reskript in Verbindung bringen — stimmt mit der ersten bezüglich des Zwangsmittels überein; im Weiteren aber weicht sie ab und behauptet ein Verfahren mit gerichtlicher Compensation, das von der Inserirung der *exceptio doli* seinen Ausgang nahm, und damit endete, dass der *judex* die Compensation der *concurrentes quantitates* aussprach und den Beklagten in den etwaigen Ueberschuss condemnirte. Auch diese Schriftsteller betrachten die Fähigkeit der *exceptio doli*, eine *condemnatio in minus* herbeizuführen, als *condicio sine qua non* der gerichtlichen Compensation; sie behaupten aber, dass diese Fähigkeit der *exceptio* seit der Mitte des zweiten Jahrhunderts der Kaiserzeit durch die Jurisprudenz beigelegt wurde, was dann die Einführung der gerichtlichen Compensation ins *stricti juris judicium* alsbald zur Folge gehabt habe.

Als Tilgungsakt wird, soviel ich ersehe, das richterliche Compensationsdekret gedacht, und der prozessualen Consumtion kein Antheil an der Aufhebung der *concurrentes quantitates* zugewiesen.

Dieses Verfahren adoptirt neuestens BRINZ (Krit. Vierteljahrsschrift XIX, p. 338) für dieselbe Periode, bezüglich Gegenforderungen *ex eodem stricto negotio;* er hält nämlich mit UBBELOHDE § 9 im *stricti juris judicium* auch das Vorkommen von Gegenforderungen *ex eadem causa* für möglich.

[1] Cf. DERNBURG S. 187 ff.

Die dritte Gruppe, Brinz (Comp. p. 83 ff.), Scheurl (p. 162), Eisele (p. 56 ff.), kann sich wohl der Erwägung nicht entziehen, dass eine in damaliger Zeit auf dem Gebiete der Compensation im *stricti juris judicium* vor sich gegangene Entwickelung — mag sie nun Einführung oder Umgestaltung des Compensationsverfahrens gewesen sein — in dem für das *bonae fidei judicium* damals geltenden Compensationsmodus (cf. Gajus IV, 61—63) das Vorbild eines fein durchgearbeiteten Verfahrens mit gerichtlicher Compensation vorfand, dass sich durch seine Einfachheit, sein promptes, von dem Willen des Klägers ganz unabhängiges Funktioniren, seinen für beide Theile gerechten Erfolg vortheilhaft von einem Verfahren mit vertragsmässiger Compensation abhob. Sie hält es wohl hauptsächlich aus diesem Grunde nicht für glaublich, dass man damals in das *stricti juris judicium* diese letztere verhältnissmässig primitive Verfahrensform eingeführt habe.

Sie hält aber andererseits an dem exclusorischen Charakter der *exceptio* auch für die Folgezeit fest, daher auch an der Unmöglichkeit, durch Antrag auf Inserirung dieser *exceptio* und Berücksichtigung desselben von Seiten des Prätors ein Verfahren mit gerichtlicher Compensation zu vermitteln, — und kommt dadurch zu dem Resultat, ein Verfahren mit gerichtlicher Compensation sei damals zwar eingeführt worden, aber in ganz anderer Art, als §. 30 I. cit. anzudeuten scheine: nämlich durch allgemeine Einführung des *agere cum compensatione* resp. dem verwandter Verfahrensarten. Diese Ansicht stützt sich insbesondere auf Paulus sent. l. II. 5, 3, ferner in sehr verschiedener Ausdehnung und Begründung auf die schon mehrerwähnten *ipso jure*-Stellen.

Des Näheren behauptet Brinz, das Zwangsmittel zur Herbeiführung des Verfahrens sei ein *in jure* gestellter entsprechender Antrag des Beklagten; (mit der im § 30 I. cit. erwähnten *exceptio doli* findet er sich dadurch ab, dass er die Stelle nicht auf Compensation sondern auf Retention bezieht); auf diesen Antrag hin, habe der Prätor dem Kläger durch Denegation der *actio pura* die *formula cum compensatione* aufgenöthigt. Was Brinz in diesem Verfahren für die eigentliche Tilgungsursache der *concurrentes quantitates* erachtet, vermag ich positiv nicht zu sagen; seine Aeusserung, „das Wesentliche dieser Compensation lag nicht in einem Thun des Klägers, sondern in der Formel“, (p. 89) klärt meines Erachtens dazu nicht genügend auf. Nur negativ lässt sich feststellen, dass er als Tilgungsursache weder Parteirechtsgeschäft noch richterliches Aufhebungsdekret noch prozessuale Consumtion annimmt.

Nach Scheurl, der dem § 30 I. cit. in anderer Weise gerecht zu werden sucht, war das Zwangsmittel des Beklagten die Opponirung einer *exceptio doli in jure.* Daraufhin wurde aber nicht etwa diese *exceptio* der Formel inserirt, sondern dem Kläger wurde auf diese *oppositio exceptionis* die *actio pura* denegirt, und lediglich *formula cum compensatione* resp. *cum deductione* gegeben. Die *actio cum deductione,* eine dem Kläger der anderen gegenüber vortheilhaftere Klage, die früher lediglich dem *bonorum emtor* zustand (cf. Gajus IV, 65 ff.), erhielt Kläger aber nur, wenn „der Beklagte den Gegenstand seiner Gegenforderung oder Kläger den seiner Forderung nicht als ein *certum* zu bezeichnen vermochte“ (p. 164). — Ueber die eigentliche Ursache der Tilgung lässt sich auch Scheurl nicht bestimmt genug aus.

Eisele endlich behauptet das gleiche Zwangsmittel wie Scheurl, weicht aber bezüglich des weiteren Verfahrens ab. Nach seiner Meinung wurde nämlich auf die *oppositio exceptionis* hin Kläger nicht vom Prätor zum *agere cum compensatione* resp. *cum deductione* durch Denegation der *actio pura* gezwungen; der *judex* war aber für den Fall, dass Kläger trotz der opponirten *exceptio* die *formula pura* wählte, durch das Reskript Marc Aurel's angewiesen, so zu verfahren, als ob Kläger die Klagsumme, auf welche seine *actio pura* sich richtete, als Saldobetrag mit der *formula cum compensatione* forderte; war Beklagter nun wirklich Inhaber einer compensablen Gegenforderung, so fiel Kläger dann ebenso wegen *plus petitio* durch, als hätte er *cum compensatione* einen zu hohen Saldo eingeklagt.

Ueber die Tilgungsursache giebt Eisele (p. 383 ff.) sehr complicirte Bemerkungen; verstehe ich ihn recht, so wird die Aufhebung der *concurrentes quantitates* durch die prozessuale Consumtion veranlasst, welcher auch die Gegenforderung, bis zu dem der Klagforderung gleichkommenden Betrage, durch ihre *deductio in judicium* anheimfällt.

II. Für die letzte der drei Perioden behauptet von denjenigen Schriftstellern, welche überhaupt das Fortbestehen eines Compensationsverfahrens auch für diese Zeit annehmen, die Mehrzahl die Fortdauer der früheren Compensationsmodi: so namentlich Scheurl, Brinz, Eisele, Dernburg.

Nur Ubbelohde (p. 215 ff.) und Schwanert (p. 49) (für die vorige Periode zur Gruppe Dernburg gehörig) nehmen auf Grund der *ipso jure*-Stellen eine Aenderung des Verfahrens an, und zwar dahin, dass Beklagter nun nicht mehr zur Erzwingung der Compensation benöthigt sei, schon *in jure* mit einem Antrage auf Exceptionsertheilung vorzugehen, sondern den gleichen Erfolg jetzt auch noch durch Vorbringung seines Begehrens *in judicio* erzielen könne. Es sei also das Compensationsbegehren in Bezug auf die Zeit seines Vorbringens im Prozesse den civilrechtlich relevanten Einwänden des Beklagten gleichgestellt worden.

Zweites Kapitel.

Argumente für die Existenz eines allgemeinen Compensationsverfahrens im vorjustinianischen stricti juris judicium. Insonderheit: von der materiellen Rechtsgrundlage des Compensationseinwandes.

§ 4. Theophilus. Anspielungen in den Digesten. Uebersicht des Folgenden.

Der einzige ausführliche Bericht über das Vorhandensein, Alter und Wesen des Compensationsverfahrens im vorjustinianischen *stricti juris judicium* entstammt dem Commentar des Theophilus zu § 30 I. cit.; im Uebrigen ist die Forschung bezüglich der Quellengrundlagen lediglich auf einzeln zerstreute Bruchstücke angewiesen, die grösstentheils zudem Schwierigkeiten bei der Auslegung verursachen. Jener Bericht ist nun aber in allen seinen Einzelheiten bestritten; und da die Unzuverlässigkeit des Theophilus in rechtsgeschichtlichen Darstellungen durch Erfahrungen, welche man in dieser Beziehung auf anderweitigen Gebieten gemacht hat, genügend dargethan ist, muss man darauf verzichten, auf die Schilderung des justinianischen Historikers allein einen vollgültigen Beweis zu bauen.

Wir wollen aber, diese Schilderung des Theophilus als Leitfaden für unsere Darstellung benutzen, und, ihr von Punkt zu Punkt folgend, jeweilig den Werth ihres Inhalts prüfen, sowie zugleich die Grundlagen der abweichenden Ansichten beleuchten; in dieser Weise wird sich eine systematische Darlegung aller zur Erörterung unserer Frage wesentlichen Momente am einfachsten und natürlichsten entwickeln.

Dem Berichte des Theophilus entnehmen wir zunächst die allgemeine Aufstellung,[1] dass in der vorjustinianischen Zeit im *stricti juris judicium* ein wirkliches Compensationsverfahren, d. h. also ein Verfahren der von uns im Anfang unserer Einleitung bezeichneten Natur, stattgefunden hat.

Diese Angabe wird durch mehrere Quellenzeugnisse aus klassischer Zeit, die ziemlich klar auf ein der *stricti juris actio* gegenüber statt-

---

[1] Den Text vgl. III. Kap. am Anfang.

findendes Compensationsverfahren anspielen — ich nenne hier nur die l. l. 10 § 3 h. t. 43 pr. 13, 7. 8 § 1. 46, 8[1] — glaubhaft gemacht. Volles Vertrauen werden wir ihr aber erst schenken können, wenn wir uns überzeugt haben, dass das vorjustinianische Recht wirklich die materiellrechtlichen Grundlagen für die Existenz eines solchen Verfahrens hergegeben hat.

Hierüber sollen desshalb im Folgenden eingehende Untersuchungen angestellt werden. Entscheidend ist hier die Rechtsgrundlage des in jener Zeit dem Compensationsberechtigten zustehenden Einwandes; war diese Rechtsgrundlage bereits geschehene Compensation, so blieb einem Compensationsverfahren kein Raum übrig; bestand sie dagegen nur in einem Recht auf Compensation, so war Platz für den Eintritt eines solchen Verfahrens geschaffen.

Der Inhalt dieser Rechtsgrundlage des Compensationseinwandes wird aber seinerseits wieder bestimmt durch die Mitwirkung, welche das materielle Compensationsrecht zwei bestimmten Vorgängen, nämlich 1. dem Coexistentwerden einer compensablen Gegenforderung, und 2. der einseitigen Erklärung des Willens zu compensiren durch den dazu Berechtigten — bei der Erfüllung des materiellen Zweckes der Compensation einräumt.

Wir wollen desshalb im Folgenden zuerst Zweck und Wesen der Compensation im römischen Recht, sodann die Wirkungen der Coexistenz für die vorjustinianische Zeit und endlich den Erfolg der einseitigen Compensationserklärung für dieselbe Periode betrachten.

Untersuchungen über die Rechtsgrundlage des Compensationseinwandes in der vorjustinianischen Zeit.

I. Wesen und Ziel der compensatio.

§ 5. Das Wesen und Ziel der römischen *compensatio* besteht in einer Aufhebung, einer gänzlichen Tilgung der *concurrentes quantitates*.

Das erhellt schon aus der in l. 1 h. t. überlieferten Definition Modestin's (lib. 6 pand.): *compensatio est debiti et crediti inter se contributio. Contributio,* „Zusammentheilung", Verrechnung der gegenüberstehenden Posten auf einander, ist gleichwerthig mit Tilgung.

Besonders aber bezeugt dieser Inhalt der *compensatio* die vollkommene Gleichstellung derselben in den Quellen mit der *solutio.*

[1] Die nähere Erklärung dieser letzteren beiden Stellen vgl. unten IV. u. V. Kap.

In l. 76 V. S. sagt Paulus (l. 51 ad ed.): *dedisse intellegendus est etiam is qui permutavit aut compensavit.*

Und in l. 4 qui pot. 20, 4 (Pomponius l. 35 ad Sabinum) heisst es: *si debitor, antequam a priore creditore pignus liberaret, idem illud ob pecuniam creditam alii pignori dedisset, et, antequam utrique creditori solveret debitum, rem aliam priori creditori vendiderat creditumque pensaverit cum pretio rei venditae, dicendum est perinde haberi debere, ac si priori creditori pecunia soluta esset: nec enim interesse, solverit an pensaverit: et ideo posterioris creditoris causa est potior.*

Wenn dem gegenüber Brinz (Krit. Vierteljahrsschrift XIX, p. 339 ff.) behauptet, die *compensatio* sei bisweilen nur eine Aufwägung der Forderungen, welche zwar die Wirksamkeit derselben vernichte, aber ihren Bestand nicht antaste, welche also die Gegenschuldner ohne Aufhebung der gegenseitigen Schulden befreie — so ist das eine unberechtigte Aufstellung.

Dieselbe ruht auf ungenügender Grundlage. Kein einziges Quellenzeugniss führt mit Nothwendigkeit zu dem Schluss, dass die *compensatio* jemals diesen Inhalt habe; die einzige Stütze, an die Brinz sich anlehnen kann, ist das in dem Worte *compensatio* liegende Bild des Aufwägens, — dass also in diesem Wort der bezüglich der Gegenforderungen sich abspielende Vorgang verglichen wird mit der Gegenwirkung gleicher in eine Waagschale gelegter Gewichte, die sich ja gegenseitig unschädlich machen, ohne sich zu verzehren. Aber gegenüber den obigen Quellenzeugnissen, die klar besagen, und zwar ganz allgemeingültig aussprechen, dass die *compensatio* der *solutio* gleichstehe, ist es gewiss unzulässig, dennoch allein auf jenem Gleichniss fussend die rechtliche Natur des Compensationsvorganges andersartig bestimmen zu wollen.

Die Brinz'sche Aufstellung ist übrigens auch zwecklos. Brinz benöthigt ihrer lediglich desshalb, weil er neuerdings für das klassische Recht in gewissem Umfange, wie wir bereits oben sahen, die Vonselbst-Compensation im Moment der Coexistenz vertheidigt, — weil er trotzdem zugeben muss, dass nach der Anschauung desselben klassischen Rechts die Forderungen als nicht getilgt gelten, wenn der Schuldner sich der Klage gegenüber nicht auf Compensation beruft, — und weil er die Annahme, die Forderung werde durch die Coexistenz aufgehoben, lebe aber, wenn Schuldner dies im Prozesse nicht geltend mache, mit rückwirkender Kraft wieder auf, vermeiden möchte. Es werden nun aber die folgenden Ausführungen ergeben, dass dem klassischen Recht von einer mit der Coexistenz eintretenden Vonselbst-Compensation überall nichts bekannt ist.

II. Die Wirkungen der Coexistenz.

1. Nach der Majorität der Quellenzeugnisse.

§ 6. Die grosse Mehrzahl der vorhandenen Quellenbelege — welche Aussprüche für sämmtliche Arten von Forderungen, insbesondere auch für die *strictri juris obligationes*, umfasst — schliesst ihrem Inhalte nach die Möglichkeit, dass in der vorjustinianischen Zeit bereits die blosse Coexistenz die *concurrentes quantitates* der Gegenforderungen aufhob, deutlich und unzweifelhaft aus. Sehr vollständig instruirt uns in dieser Beziehung schon die Abhandlung des Gajus über die Compensation, Gajus IV, 61 ff. In allen dort erwähnten Fällen bedarf es, um die Compensation anzubahnen, erst eines Willensaktes des Gegengläubigers; der Gegner des *argentarius* muss beim Prätor beantragen, dass dem Kläger nur die *actio cum compensatione* verstattet werde; der Konkursgläubiger, dass der *bonorum emtor* die *deductio* veranlasse; der im *bonae fidei judicium* Belangte muss fordern, dass der *judex ejus quod invicem debetur rationem habeat.* Von einer von selbst eintretenden Aufhebung der Forderungen findet sich in dem ganzen Berichte nicht die geringste Spur.

Auch die l. 5 h. t. (Gajus l. 9. ad ed. prov.): *si quid a fidejussore petetur, aequissimum est eligere fidejussorem, quod ipsi an quod reo debetur compensare malit: sed et si utrumque velit compensare, audiendus est,* bezeugt uns, dass ohne den Willen des Schuldners eine Compensation nicht möglich ist; vollzöge dieselbe sich *sine facto hominis,* so könnte ja von einem Wahlrecht nicht mehr die Rede sein, und ebensowenig von einem *compensare* des *fidejussor*; — man müsste es denn mit „sich auf geschehene Compensation berufen" übersetzen; diese Bedeutung von *compensare* lässt sich aber nicht erweisen.

Weitere besonders hervorstechende Zeugnisse sind:

l. 10 duob. reis 45, 2 (Papinianus l. 27 quaest.): *si duo rei promittendi socii non sint, non proderit alteri quod stipulator alteri reo pecuniam debet.* Würde die Schuld von selbst durch das Zusammentreffen der Gegenforderungen getilgt, so müsste ja auch der zweite Correalschuldner frei werden.

Sodann l. 16 pr. h. t. (Papinianus l. 3 quaest.): *cum militi castrensium bonorum alius, ceterorum alius heres extitit, et debitor alteri heredum obligatus vult compensare quod ab alio debetur, non audietur.* Jedenfalls ist hier von Schuld wie Forderung an den Erblasser die Rede; wäre nun von selbst compensirt, so könnte die Frage, ob der *debitor* mit einem *compensare velle* zu hören sei, gar nicht aufgeworfen werden; er wäre ja schon frei.

Die Nothwendigkeit des Willensakts zur Geltendmachung des Compensationsrechts erhellt also auch hier deutlich; ebenso geht sie klar hervor aus den Wendungen *implorare compensationem* in l. 2 C. h. t. (Antonius Claudio et Asclepiadi, ohne Datum), *compensationis aequitatem jure postulas* in l. 6 eod. (Alexander Polydeucae 229); aus dem *si velit compensare* der l. 20 § 2. statulib. 40, 7 (Paulus l. 16 ad Plautium); endlich aus den häufigen Stellen, welche von *dare, admittere, denegare compensationem, rationem habere* resp. *non habere compensationis, compensari jubere* sprechen, wie l. 16 § 1 h. t. cit., l. 7 § 1 h. t. (Ulpianus l. 28 ad ed.), l. 7 (8) § 2 neg. gest. 3, 5 (Ulp. l. 10 ad ed.), l. 1 § 4. contr. tut. 27, 4 (Ulp. l. 36 ad ed.), l. 3 C. h. t. (Alexander Aetrio Capitoni 223), — die also sämmtlich richterliche Verfügungen im Auge haben, welche nicht ohne vorangegangenen Antrag, also nicht ohne Willensakt der Partei denkbar sind.

Alle diese Stellen wissen ferner nichts von einer unmittelbar durch die Coexistenz eintretenden vollständigen Lähmung der Forderungen in ihrer Wirksamkeit, — wie sie Windscheid (Pand. § 349 No. 2 ff.) behauptet, — so dass also mit dem Entstehen der Gegenforderung der Lauf der vertragsmässigen Zinsen und die *mora solvendi* aufhörte, die auf Nichtleistung gesetzte Conventionalstrafe frei würde etc.

Die Coexistenz für sich allein hat, nach ihnen zu schliessen, vielmehr lediglich die folgende Wirkung: in allen den Fällen, wo eine gesetzliche Compensationsbefugniss anerkannt wird, ist sie, die Coexistenz, die alleinige Erzeugerin des Rechtes auf Compensation.

Dieses Recht ist seiner juristischen Natur nach ein Recht des Schuldners, seinen Gläubiger in einer besonderen, von der normalen abweichenden Art zu befriedigen; er muss zwar, trotz Erwerbes der Compensationsbefugniss, nach wie vor leisten, aber er darf anstatt Baarzahlung das ihm gegen den Gegner zustehende Forderungsrecht hingeben. Solche Rechte des Schuldners auf eine besondere Befriedigungsart begegnen uns im römischen Recht häufiger; dahin gehört z. B. das Recht des Eigenthümers der delinquirenden *res* zur *noxae deditio*, die Berechtigung des Pfandbesitzers, sich gegenüber der *actio hypothecaria* durch Zahlung der Schuld zu lösen, — die Befugniss des Käufers, bei vorhandener *laesio enormis* die Rückgabeverpflichtung durch Nachzahlung zu beseitigen, — endlich das dem Geldschuldner durch Nov. 4 cap. 3 gewährte *beneficium in solutum dationis*. Das Recht auf Compensation ist unter ihnen bei weitem das wichtigste, da es in der Praxis des Rechtslebens unendlich häufig, weit mehr als die sämmtlichen anderen analogen Fälle zusammengenommen, Gelegenheit hat, sich zu bethätigen.

Die nothwendige Consequenz der Erzeugung dieses Rechtes auf Compensation ist nun allerdings eine gewisse Lahmlegung der Gegenforderungen; aber keineswegs eine vollständige Lähmung derselben in jedweder Wirksamkeit; — eine solche kann man also auch nicht etwa auf diese Weise als mittelbare Folge der Coexistenz construiren; — vielmehr lediglich eine Beschränkung der freien Klagbarkeit; der Erfolg der Klage auf Baarleistung des Kapitals wird von jetzt an ungewiss, von dem Willen des Schuldners abhängig. Die Lähmung der Hauptklage zieht auch die gleiche Lähmung der Bürgschaftsklage nach sich (cf. l. 5 h. t.); ob auch die Lähmung der *actio hypothecaria* gegen den dritten Verpfänder, darüber geben die Quellen keinen Aufschluss; die Billigkeit verlangt die Gleichstellung des dritten Verpfänders mit dem Bürgen; und das römische Recht mag sich über das Bedenken, das die Entgegensetzung eines Compensationseinwandes gegen eine dingliche Klage erregt, durch die Erwägung hinweggesetzt haben, dass ja der materielle Zweck der *actio hypothecaria* lediglich die Erlangung des Forderungswerthes ist, dass diese Klage ja auch durch Zahlung der Schuld getilgt werden kann, und dass Compensation der Zahlung gleichwerthig ist.

Sollte die Annahme der Zuständigkeit des Compensationseinwandes selbst an den dritten Verpfänder nicht zulässig erscheinen, so fragt sich, ob ihm nicht wenigstens durch eine *exceptio praejudicii* zu helfen war, ob er nicht mit dieser verlangen konnte, dass der Gläubiger erst gegen den Hauptschuldner klage, damit diesem nicht die Gelegenheit zur Verwirklichung seiner Compensationsbefugniss und in Folge dessen ihm, dem Verpfänder, die Möglichkeit von der Pfandklage freizuwerden, verkümmert werde. Stand freilich der Wille des Hauptschuldners, nicht zu compensiren, fest, so gewährte die *exceptio praejudicii* dem Verpfänder keinen Schutz.

Weitere Consequenzen sind aus dem Vorhandensein eines Rechts auf Compensation nicht zu ziehen. Insbesondere ist die Annahme, die Existenz der blossen Möglichkeit zu compensiren, hemme schon den Lauf der vertragsmässigen Zinsen, ohne Berechtigung. So wie der zur Baarleistung Verpflichtete nicht schon dadurch von der ferneren Zinszahlung befreit wird, dass er die zur Tilgung seiner Schuld nöthigen Gelder *in cassa* hat, sondern erst durch Angebot der Zahlung und eventuelle Deposition, — so kann auch unmöglich der nur zur Befriedigung durch Aufrechnung Verbundene die weitere Zinszahlung mit Recht weigern, wenn er sich lediglich darauf beruft, dass ihm das Befriedigungsobjekt zur Verfügung stehe. Man kann die Sistirung des Zinsenlaufs auch nicht so als nothwendige Consequenz des Rechts auf

Compensation construiren, dass man sagt, die Entstehung jenes Rechts behafte ja die Hauptforderung mit einer Einrede, — die Einreden gegen die Hauptforderung schlügen aber auch die Zinsforderung. Letzterer Satz gilt nur für Einreden, die sich gegen den Bestand der Kapitalforderung wenden; ein solcher Einwand aber ist das Compensationsvorbringen, so lange sich keine weiteren Vorgänge als das Zusammentreffen der Gegenforderungen ereignet haben, jedenfalls nicht. — Ebensowenig ergiebt sich das Aufhören der *mora solvendi* und ihrer Wirkungen, sowie das Freiwerden der auf Nichtleistung gesetzten Strafe, und Aehnliches als nothwendige Folge der Entstehung des Rechts auf Compensation. Speziell bezüglich der *mora solvendi* kann man auch das Gegentheil nicht so deduciren, dass man sagt, zugestandenermaassen begründe die Coexistenz eine Einrede; nun heisse es aber in l. 40 reb. cred. 12, 1 (Paulus l. 3 quaest.) ausdrücklich: *non enim in mora est is, a quo pecunia propter exceptionem peti non potest.* — Denn dort sind Einreden gemeint, die jede Einforderung des Geschuldeten zur Zeit ausschliessen.

Im Sinne der Majorität der Quellenzeugnisse wirkt die Coexistenz in der vorjustinianischen Zeit also ganz allgemein lediglich das Recht auf Compensation und als nothwendige Consequenz desselben einzig die Lahmlegung der Forderungen bezüglich der Klagbarkeit der Kapitale.

2. Aus den l. l. 4. 10 pr. 21 h. t., aus der *condictio indebiti* und der Zinsenhemmung folgt kein abweichendes Resultat.

a) Keine Vonselbstaufhebung der Forderungen durch die Coexistenz.

§ 7. l. 4 h. t.

Dass dieses Ergebniss der wirklichen Beschaffenheit des materiellen Compensationsrechts damaliger Zeit entspreche, wird nun aus drei Gründen in Zweifel gezogen:

1. wegen der in den l. l. 4. 10 pr. 21 h. t. enthaltenen Aussprüche;

2. weil zwei Fragmente Ulpian's dem Compensationsberechtigten, der in Unkenntniss dieses Rechts gezahlt hat, eine *condictio indebiti* gewähen;

3. weil nach einigen anderen Stellen eine Hemmung des Zinsenlaufes seit der Zeit der Coexistenz eintritt.

Diese rechtlichen Erscheinungen erachten sowohl die Vertheidiger der durch die Coexistenz von selbst eintretenden Aufhebung wie auch diejenigen der Totallähmung als ganz unanfechtbare Beweise für ihre Ansichten. Wir wollen dem gegenüber darzuthun versuchen, dass die Gegner für ihre Aufstellungen in diesen Erscheinungen brauchbares

Beweismaterial nicht besitzen, dass dieselben vielmehr zu einer irgendwie erheblichen Abweichung von den aus der Majorität entnommenen Ergebnissen keinerlei Anhalt gewähren.

Man kann zunächst aus diesem Material nichts für eine Vonselbstaufhebung der Gegenforderungen durch die Coexistenz in der vorjustinianischen Zeit entnehmen, weder für das ganze Rechtsgebiet, noch etwa für die *stricti juris obligationes* im Besonderen.

Untersuchen wir daraufhin zunächst die l. 4 h. t. (Paulus l. 3 ad Sabinum): *verum est, quod et Neratio placebat et Pomponius ait, ipso jure eo minus fidejussorem ex omni contractu debere, quod ex compensatione reus retinere potest: sicut enim, cum totum peto a reo, male peto, ita et fidejussor non tenetur ipso jure in majorem quantitatem quam reus condemnari potest.* Es ist nicht zu leugnen, dass diese Stelle sich im Sinne einer reinen Vonselbstaufhebung auffassen lässt. Diese Auslegung ist aber auch nur möglich, nicht nothwendig; neben ihr ist vielmehr noch eine andere Interpretation vollkommen durchführbar.

Man kann das Fragment nämlich auch so verstehen, dass es gar nicht *ex professo* die Frage nach dem Compensationsmodus des *fidejussor* behandelt, ja, dieselbe auch nicht einmal zufällig erörtert, sondern sich lediglich mit der materiellrechtlichen Untersuchung beschäftigt, ob das dem Hauptschuldner zustehende Recht auf Compensation auch dem Bürgen zu Nutze komme. Diese Frage, welche eine vorgeschrittene und befestigte Rechtsentwickelung freilich ohne Vorbehalt in bejahendem Sinne beantworten wird, konnte zu Neratius' und Pomponius' Zeit noch sehr wohl aufgeworfen werden. Das Institut der Compensation war damals vermuthlich noch verhältnissmässig jung. Von einer allgemeinen Einführung desselben durch gesetzgebende Akte — eine Entstehungsart, welche den Rückschluss nahe legen würde, dass es bei Einführung der Compensation auch bereits eine einigermaassen entwickelte Theorie dieses Institutes gab — ist uns nichts bekannt. Vielmehr ist es jedenfalls in seinen älteren Anwendungsgebieten das reine Erzeugniss der Praxis, hier und da aus diesem fruchtbaren Boden emporgeschossen, wie gerade das Bedürfniss des Rechtsverkehrs sein Wachsthum zeitigte. Der weitere Ausbau, die Verarbeitung des durch die Praxis gelieferten Rohmaterials geschah erst in der Folgezeit durch die Jurisprudenz, und dieselbe hatte zur Zeit jener Rechtsgelehrten diese Thätigkeit wohl noch lange nicht beendet. Da war es nun kein Wunder, wenn Manche zweifelten, ob das dem Hauptschuldner zuständige Recht auf Compensation, diese ganz eigenthümliche Waffe, die nicht wie die anderen Einwände gegen die Rechtsbeständigkeit der gegnerischen Forderung, oder gegen die Zulässigkeit ihrer Geltendmachung überhaupt kämpfte, sondern dem Schuldner lediglich das Recht wahrte, den Gegner in einer gewissen, von der ursprünglich ausbedungenen Leistung abweichenden Art zu befriedigen, — den sonstigen Einreden des Hauptschuldners in Bezug auf die Benutzung durch den Bürgen gleichzustellen sei, — ob dieses Vertheidigungsmittel dem Bürgen also *ipso jure*, d. h. kraft Gesetzes, ohne dass die Zuständigkeit besonders vereinbart war, also auch wenn der Gläubiger oder der Hauptschuldner mit der Ausübung desselben durch den Bürgen nicht einverstanden waren, zukomme. — An Gründen für und wider wird es nicht gefehlt haben; lag doch die analoge Ausdehnung des alten Princips einerseits, andererseits aber auch die Erörterung sehr nahe, ob nicht solche Ausdehnung dem Gläubiger einen ungerechtfertigten Nachtheil zufüge. Ein ferneres wichtiges Bedenken ergab sich für die Zeit des Neratius und Pomponius aus Folgendem: Man weigerte damals noch — wie wir unten im dritten Kapitel sehen werden — im Allgemeinen die Anerkennung eines gesetzlichen Rechts auf Compensation von Forderungen *ex dispari causa*. Nun waren aber die Gegenforderungen des Hauptschuldners — mochten sie auch, im Verhältniss zur Hauptklage betrachtet, *ex eadem causa* stammen — der Bürgschaftsklage gegenüber doch stets Forderungen *ex dispari causa*. Denn Forderungen *ex eadem causa* sind nur diejenigen, die aus demselben Rechtsgeschäft, aus dem die Klagforderung stammt, hergeleitet werden; und das ist dann, wenn der Bürge verklagt wird und dagegen eine Forderung des Hauptschuldners opponirt, nicht der Fall; dann stammen die Gegenforderungen aus verschiedenen Geschäften — die Klagforderung aus dem Bürgschaftsvertrage, die Compensationsforderung aus dem zwischen den Hauptparteien geschlossenen *negotium*.

Aber auch Paulus hatte Grund genug, diesen Punkt des Bürgschaftsrechtes von Neuem zu behandeln. Der Wortlaut der Stelle bezeugt uns, dass die Frage noch immer bestritten war; sonst würde Paulus nicht so nachdrücklich mit *verum est* seine Autorität für die Ansicht des Neratius und Pomponius in die Waagschale legen. Auch die l. 5 h. t. cit. von Gajus zeigt, dass der von jenen beiden Juristen aufgestellte Grundsatz noch nicht festes Recht geworden war; Gajus — der übrigens hier meines Erachtens nur von einem für den Geschäftsfreund des *argentarius* bestellten Bürgen spricht (cf. unten drittes Kapitel) — stützt das Wahlrecht des *fidejussor*, ob er mit eigenen oder mit Gegenforderungen des Hauptschuldners compensiren wolle, nicht auf das *jus*, sondern nur auf die *aequitas*; woher es übrigens kommen mag, dass Paulus ihn unter den Vertheidigern seiner Meinung nicht aufführt. — Vielleicht hat die Einführung des allgemeinen Rechts auf *compensatio ex dispari causa,* die, wie wir unten sehen werden, inzwischen erfolgt war, dem Streit neue Nahrung gewährt, da sich nun erst die Frage erheben konnte, ob der Bürge auch Gegenforderungen des Hauptschuldners, die auch für Letzteren *ex dispari causa* stammten, solle geltend machen dürfen.

Sprachlich bereitet die l. 4 h. t. meines Erachtens der obigen Auslegung keine Schwierigkeiten, sobald man sich nur entschliesst, die Ausdrücke *ipso jure minus debere, ipso jure non tenetur* ohne Anspielung auf einen Compensationsmodus, nicht in juristischer, sondern in rein wirthschaftlicher, laienhafter Bedeutung, und auch das *male peto* ohne prozessualisch technische Beziehung auf das *stricti juris judicium* zu verstehen. Dann lautet die Stelle folgendermaassen: „Die Ansicht des N. und P., dass der Bürge aus jedem Contract auch ohne besondere Vereinbarung (*ipso jure*) soviel weniger zu zahlen schuldig ist, als der *reus* durch Compensation zurückbehalten kann, ist durchaus richtig. Denn gerade so, wie ich vom *reus* die Zahlung des Ganzen zu Unrecht verlange (*male peto*), haftet auch der Bürge kraft Rechtens (*ipso jure*) nur soweit als mir jener verurtheilt werden kann." Ich glaube, ein unbefangenes Gemüth würde diese Uebersetzung gar nicht so übel finden. Von den Gegnern erhoffe ich dennoch wenig Gnade dafür; den grössten Anstoss werden sie an der prozessualisch indifferenten Fassung des *male peto* nehmen.

Dem gegenüber bemerke ich aber einmal, dass *male petere* in der Sprache des klassischen Rechts nicht immer prozessual technisch, sondern auch rein materiell im Sinne von „ungerecht in Anspruch nehmen" vorkommt (cf. l. 4 C. fin. reg. 3, 39 [Constantinus ad Bassum p. p. 330]); — und ferner, dass auch für die Aufstellungen der Gegner die vorliegende Stelle nur dann verwendbar ist, wenn man das *male peto* seiner technischen Bedeutung (gleich *causa cadere* wegen *plus petitio*) entkleidet, — dass sie überhaupt für jede Theorie nur unter dieser Bedingung zum Stützpunkt benutzt werden kann. Denn sonst giebt der Wortlaut keinen vernünftigen Sinn. Stände *male peto* technisch, so handelte Paulus im ersten Satz von der *compensatio* des *fidejussor* im Allgemeinen, und erläuterte im zweiten die Folgen seiner Ansicht an einem *stricti juris judicium* gegen einen *fidejussor certi.* Diese Erläuterung wäre zunächst in ganz unlogischer, schiefer, unverständlicher Weise an den Vordersatz angeknüpft. Jeder, der die Stelle im Zusammenhange liest, muss zunächst glauben, in dem zweiten Satze werde die Folge der Nichtberücksichtigung des Compensationsvorbringens für jeden *fidejussor* ausgesprochen; der Uebergang vom Allgemeinen zum Besonderen wird in keiner Weise angedeutet. Der zweite Satz redet, wenn *male peto* technisch genommen wird, überhaupt ganz confus. Correct gefasst, müsste er ganz anders, etwa so lauten: *ergo si totum petiero a certi fidejussore, haud secus causa cadam, ac si a reo totum petissem.* Dass die bei technischer Auffassung des *male peto* herauskommende Redeweise der Stelle: „Es ist richtig, dass der Bürge aus jedem Contract von selbst so viel weniger schuldet, als der *reus* aus Compensation zurückbehalten kann. Wie ich nämlich, wenn ich den *reus* auf's Ganze belange, wegen *plus petitio* durchfalle, so haftet auch der *fidejussor* von selbst nicht höher, als der *reus* condemnirt werden kann" . . nicht gehauen noch gestochen ist, liegt wohl klar genug zu Tage.

Bedenkt man nun, dass gerade der Verfasser der l. 4 in l. 9 § 1 h. t. (l. 32 ad ed.) und in sent. l. II. 5, 3 von einem *compensare posse* resp. *compensare debere* spricht, also unzweideutig Ansichten äussert, die mit einer Vonselbstaufhebung der Forderungen durch die Coexistenz in unlösbarem Widerspruch stehen, so kann meines Erachtens kein Zweifel sein, dass die l. 4 nicht im Sinne der Gegner, sondern nach unserem Vorschlage auszulegen ist, der sie in volle Uebereinstimmung mit den Ansichten der Stellenmajorität bringt.

§ 8. l. l. 10 pr. 21 h. t.

Anders steht es mit l. 10 pr. h. t. (Ulpianus l. 63 ad ed.): *si ambo socii parem neglegentiam societati adhibuimus, dicendum est desinere nos invicem esse obligatos ipso jure compensatione neglegentiae facta. simili modo probatur, si alter ex re communi aliquid percepit, alter tantam neglegentiam exhibuerit, quae eadem quantitate aestimatur, compensationem factam videri et ipso jure invicem liberationem.* Wenn der erste Satz dieses Fragments auch möglicherweise von einer Culpacompensation redet (cf. Regelsberger im Archiv für die civil. Praxis LXIII. p. 201. 202), so hat doch der zweite Theil sicher eine Compensation von Forderungen im Auge, nämlich die Aufrechnung gegenseitiger Ansprüche aus dem Societätsverhältniss; und ebenso gewiss lässt er dieselbe von selbst eintreten. Vermuthungen für eine Interpolation, welche dies „von selbst" etwa erst hineingebracht, können nach der ganzen Fassung der Stelle keinen Boden gewinnen; wir müssen also zugeben, dass Ulpian hier eine Vonselbstaufhebung vertheidigt.

Ich stehe aber nicht an, der Ansicht Eisele's (p. 173. 174) beizupflichten, dass Ulpian hier nicht eine allgemeine Norm für das ganze Compensationsgebiet, oder auch nur für alle *bonae fidei judicia* hat aufstellen wollen; dagegen sprechen zu klar die oben citirten, ebenfalls von ihm herrührenden l. l. 7 (8) § 2 neg. gest., 1 § 4 contr. tut., 7 § 1 h. t. Er will in der l. 10 pr. h. t. vielmehr nur ein *jus singulare* für das Societätsverhältniss vertreten; und dazu giebt ihm jedenfalls eine besondere Auffassung, die er sich über die Natur dieses Vertragsverhältnisses gebildet, Anlass; er wird annehmen, dass der Societätscontract einen stillschweigenden generellen Compensationsvertrag bezüglich der aus dem Verhältniss *inter socios* entstehenden Forderungen in sich schliesse. — Ich glaube auch ferner mit Eisele — Angesichts der l. 9 h. t. von Paulus (l. 32 ad ed.), welche offenbar auch dem Societätsverhältniss ganz das allgemeine Compensationsrecht, wie die Stellenmajorität es vertritt, vindicirt, — dass wir es in der l. 10 mit einer Sonderansicht Ulpian's zu thun haben.

Es erübrigt nun noch die Betrachtung der l. 21 h. t. (Paulus l. 1 quaest.): *posteaquam placuit inter omnes id quod invicem debetur ipso jure compensari, si procurator absentis conveniatur, non debebit de rato cavere, quia nihil compensat, sed ab initio minus ab eo petitur.* Auch diese Stelle redet sicherlich von einer *sine facto hominis*, von selbst eintretenden Compensation. Hätte sie irgend einen anderen Compensationsmodus mit dem *ipso jure compensari* im Auge, so würde ihre Entscheidung, dass dem *procurator absentis*, seitdem *ipso jure* compensirt werde, die *cautio de rato* zu erlassen sei, sich in Widerspruch mit dem Princip setzen, nach welchem das römische Recht die Verpflichtung zu solcher Sicherheitsleistung regelt. Den Nachweis hierfür können wir jedoch aus systematischen Rücksichten erst im vierten Capitel erbringen.

Dass mit dem *ipso jure compensari* eine von selbst eintretende Compensation gemeint ist, erhellt übrigens auch aus dem Schlusssatz der Stelle: „*quia nihil compensat, sed ab initio minus ab eo petitur.*“

Die Theorie der Vonselbstaufhebung wird nun ferner in der l. 21 im Gegensatz zu der l. 10 h. t. in einer Weise aufgestellt, die einer speciellen Beziehung keinen Boden gewährt. Es scheint also, dass wir hier wirklich ein Quellenzeugniss vor uns haben, welches der Coexistenz für die classische Zeit Wirkungen beilegt, die mit den aus der Stellenmajorität entnommenen unvereinbar sind.

Aber wir haben glücklicherweise genügendes Material, um diesen Widerspruch in befriedigender Weise zu lösen.

Man muss zunächst erwägen, dass derselbe Paulus, der hier in der l. 21 die reine Vonselbstaufhebung ganz allgemein verficht, sowohl in der l. 9 h. t. als auch in sent. l. II. 5, 3 — „*compensare debes*“ — völlig auf dem Standpunkte der Stellenmajorität steht. — Man muss sich ferner vergegenwärtigen, dass die Aeusserung der l. 21, es werde bereits *inter omnes*[1] *ipso jure* compensirt, schlecht dazu stimmt, dass Justinian in l. ult. C. h. t. die Einführung der *ipso jure compensatio ex omnibus actionibus* erst sich selbst zuschreibt. — Endlich aber ist zu beachten, dass der in l. 21 geschilderte Compensationsmodus getreu diejenige Auffassung widerspiegelt, welche Theophilus sich über das Wesen der von Justinian eingeführten *ipso jure compensatio* gebildet hatte; cf. Theophilus ad § 30 I. cit.: *ἡ δὲ τοῦ ἡμετέρου βασιλέως παρακελεύεται διάταξις, τὰς σαφεῖς καὶ ἀναμφιβόλους κομπεσσατίωνας ipso jure μειοῦν τὴν ἀγωγήν, ... οἷον, ἔχει τις κατ᾽ ἐμοῦ ἀγωγὴν, ... περὶ ί νομισμάτων, ἀντεποφείλει δέ μοι γ´ νομίσματα · αὐτῷ τῷ νόμῳ ἅμα τῷ ἀντεποφειληθῆναι, ἡ κατ᾽ ἐμοῦ ἀγωγὴ μειοῦται τρισὶ νομίσμασιν, ὡς μηκέτι με ί, ´ξ δὲ μόνον ἐποφείλειν νομίσματα.* Im Hinblick auf diese Thatsachen ist meines Erachtens die Annahme, dass die l. 21 von Theophilus oder einem anderen der die gleiche Anschauung über die l. ult. C. theilenden Compilatoren im Sinne dieser Auffassung interpolirt sei, wohl begründet, und die Stelle kann daher als Beweismittel für die Wirkungen der Coexistenz in der klassischen Zeit gar nicht in Frage kommen.

§ 9. Die *condictio indebiti.*

Die Vermuthung, dass es mit der l. 10 pr. sowohl, als auch mit der l. 21 die von uns behauptete Bewandtniss habe, wird nun meines Erachtens zur Gewissheit, wenn man den wahren Sachverhalt der *condictio indebiti* und der Sistirung des Zinsenlaufs aufdeckt. Von diesen beiden Instituten ist leicht nachzuweisen, dass sie mit einer Vonselbstaufhebung der Gegenforderungen gänzlich unvereinbar sind.

Von der *condictio indebiti* berichten uns, wie gesagt, nur zwei Stellen von Ulpian. Zunächst l. 10 § 1 h. t. (l. 63 ad ed.): *si quis igitur compensare potens solverit, condicere poterit quasi indebito soluto.* Sodann, *per arg. a contrario,* l. 30 cond. ind. 12, 6 (l. 10 disput.): *qui invicem creditor idemque debitor est, in his casibus in quibus compensatio locum non habet, si solvit non habet candictionem veluti indebiti soluti, sed sui crediti petitionem.*

Schon der allgemeine compensationsrechtliche Charakter dieser Stellen schliesst die Möglichkeit aus, ihre *condictio indebiti* für die Theorie der Gegner zu verwerthen. l. 10 § 1 setzt den Fall, dass compensirt werden konnte und trotzdem die Compensation nicht vollzogen ist; sie steht nicht auf dem Boden einer durch die Coexistenz

[1] Dass *inter omnes* nicht zu *placuit* zu ziehen ist, darüber vgl. Eisele S. 159 und die daselbst in Note 43 citirten Schriftsteller.

eintretenden Aufhebung, sondern macht die Vornahme der Compensation von dem Willen des Berechtigten abhängig. Da l. 30 ebenfalls von Ulpian herrührt, so darf man ihr mit Recht den gleichen Standpunkt vindiciren. Eine aus solcher Quelle berichtete *condictio indebiti* ist aber schwerlich als Beweismittel für eine Vonselbstaufhebung verwendbar.

Noch weniger tauglich erscheint sie dazu, wenn man ihre näheren Modalitäten betrachtet.

Das Eingehen hierauf ist, nach dem soeben erreichten Ergebniss, eigentlich schon von Ueberfluss; wir wollen aber dennoch nicht davon abstehen; theils um in der Beweisführung vollständig zu sein; theils weil eine Klarstellung der hier einschlägigen Punkte an sich schon nicht geringes juristisches Interesse bietet; und endlich, weil eine solche später doch nöthig werden würde, um zu beurtheilen, in welchem Verhältniss die *condictio indebiti* zu der gegnerischen Lähmungstheorie steht, weil es dann aber doch passender erscheint, dieselbe gleich hier im Zusammenhange vorzunehmen.

Schon die Voraussetzungen, unter denen diese *condictio indebiti* gegeben wird, passen durchaus nicht zu einer Vonselbstaufhebung. Ihre Zuständigkeit wird ja nicht daran geknüpft, dass compensirt ist und trotzdem noch gezahlt wurde, sondern gerade daran, dass nicht compensirt, sondern gezahlt ist, während compensirt werden konnte. Diese Sachlage kann bei einer Vonselbstaufhebung niemals eintreten.

Besonders ist diese *condictio indebiti* jedoch ihrem Zweck und Inhalt nach zu einer Stütze für die Gegner ungeeignet.

Zum Zweck und Inhalt kann die *condictio indebiti* hier nämlich lediglich haben: die Rückgängigmachung der gewählten Leistungsart und nicht etwa die Rückgewährung des hingegebenen Vermögenswerthes selbst.

Das folgt aus der Anwendung des allgemeinen Princips der *condictio indebiti* auf den vorliegenden Fall.

Das allgemeine Princip der *condictio indebiti* finden wir ausgesprochen in l. 66 cond. ind. (Papinianus l. 8 quaest.): *haec condictio ex bono et aequo introducta, quod alterius apud alterum sine causa deprehenditur, revocare consuevit.* Sie ist also ein Organ der *bona fides*, bestimmt, rückgängig zu machen, was Einer vom Anderen ohne rechtfertigenden Grund überkommen hat; nicht weniger und nicht mehr soll sie revociren.

Sine causa ist nun aber in dem Falle, wo gezahlt ist, trotzdem compensirt werden konnte, bei dem Zahlungsempfänger nicht etwa der geleistete Vermögenswerth; sein unberechtigter Vortheil liegt vielmehr lediglich in der ihm gewordenen Leistungsart dieses Vermögenswerthes, liegt darin, dass er Baarzahlung statt Aufrechnung erhalten hat.

Die *condictio indebiti* muss daher, wenn sie nicht gegen das sie beherrschende Princip der *aequitas* verstossen will, nur diese Leistungsart rückgängig machen; würde der Vermögenswerth selbst durch sie an den Zahler zurückgebracht, ohne dem vormaligen Zahlungsempfänger sogleich Ersatz zu leisten, so würde Letzterer ja ganz unbillig benachtheiligt werden; die sofortige Befriedigung durch Compensation steht ihm ja zu. Eine *condictio indebiti* mit solchem Inhalt fügt sich aber in den Rahmen einer Vonselbstaufhebung schlechterdings nicht ein.[1]

Zweifelhaft ist übrigens — um dies exkursweise zu berühren — auf welchem Wege die Rückgängigmachung der blossen Leistungsart erreicht wurde. Die *condictio indebiti,* wie sie unter normalen Umständen gegeben wird, vermag dies Resultat nicht herbeizuführen; sie ist lediglich dazu geeignet, den Vermögenswerth selbst, ohne Entgelt, zu dem Zahler zurückzubringen. Man könnte nun glauben, es habe die *condictio indebiti* der obigen Stellen eine besondere Gestalt gehabt; sie sei schon ihrer Formalfassung nach nicht die normale, sondern eine der normalen analoge Klage gewesen, so construirt, dass sie, während sie die Zahlung zurückforderte, gleichzeitig die Compensation anbot; dass sie also, während sie mit der einen Hand den Vermögenswerth nahm, ihn mit der anderen Zug um Zug zurückgab. Diese Auffassung fände einigen Rückhalt an den Ausdrücken *quasi indebito soluto* und namentlich *condictionem veluti indebiti soluti.* Wahrscheinlicher ist mir aber doch, dass die Sache durch das Universalmittel für schwierige Prozesslagen, nämlich durch Cautionen geregelt wurde; und zwar entweder so, dass dem Compensationsberechtigten, wenn er nicht bezüglich seiner Gegenforderung *cautio amplius se non petiturum* stellte, *actio* denegirt wurde; oder doch so, dass ihm nur unter jener Bedingung der Beklagte verurtheilt wurde.

§ 10. Die Hemmung des Zinsenlaufs.

Die Sistirung des Zinsenlaufs wird in fünf Stellen erwähnt: 1. in der l. 4 C. h. t. (Alexander Flavio et Luciano 229): *si constat pecuniam*

[1] Es verdient bei dieser Gelegenheit hervorgehoben zu werden, dass mit der Einführung dieser *condictio indebiti* das römische Recht einen Fall aggressiver Geltendmachung des Rechts auf Compensation geschaffen hat, der allerdings sehr eigenthümlicher Natur, und der einzige seiner Art geblieben ist.

invicem deberi, ipso jure pro soluto compensationem haberi oportet ex eo tempore, ex quo ab utraque parte debetur, ejusque solius, quod amplius apud alterum est, usurae debentur, si modo petitio earum subsistit; 2. in l. 5 eod. (Alexander Honoratae, wie die l. 4 aus dem Jahr 229): *etiam si fideicommissum tibi ex ejus bonis deberi constat, cui debuisse te minorem quantitatem dicis, aequitas compensationis usurarum excludit computationem, petitio autem ejus quod amplius tibi deberi probaveris, sola relinquitur;* 3. in l. 11 h. t. (Ulpianus l. 32 ad ed.): *cum alter alteri pecuniam sine usuris, alter usurariam debet, constitutum est a divo Severo, concurrentis apud utrumque quantitatis usuras non esse praestandas;* 4. in l. 12 eod. (Ulpianus l. 64 ad ed.): *idem juris est non solum in privatis, verum etiam in causa fisci constitutum, sed et si invicem sit usuraria pecunia, diversae tamen sint usurae, compensatio nihilo minus locum habet ejus quod invicem debetur;* 5. in l. 7 C. sol. et lib. 8, 42 [43] (Philippus Antiocho 244): *ejus quantitatis, cujus petitionem ratio compensationis excludit, usuram non posse reposci manifestum est.*

Diese Hemmung des Zinsenlaufs ist ihrem Inhalt nach mit einer Vonselbstaufhebung durch die Coexistenz wohl vereinbar. Die Erörterung des compensationsrechtlichen Charakters der obigen Stellen und die nähere Darlegung der Voraussetzungen, unter welchen die Zinsenhemmung nach diesen Quellenzeugnissen eintritt, werden aber ergeben, dass sie dennoch als Argument für solche Vonselbstaufhebung unbrauchbar ist.

Untersuchen wir zunächst den compensationsrechtlichen Charakter dieser Stellen. Die schwierige l. 4 C. h. t. bedarf zur Klarlegung der Stellung, welche sie nach dieser Richtung hin einnimmt, einer vorgängigen genauen Interpretation. Text und Auslegung dieser Stelle sind, wie bekannt, unendlich bestritten. Was zunächst den Text betrifft, so halte ich an der obigen Lesart in Allem fest, auch bezüglich des *soluto.* Wie schon Ubbelohde (p. 208 ff.) treffend ausführt, tritt das *pro soluto* verschiedentlichst in den Quellen als rein adverbialische Redensart auf. Namentlich steht es in der Bedeutung: „zahlungsmässig, zahlungsweise, an Zahlungsstatt“; so in der Verbindung *pro soluto dare,* cf. l. 4 C. evict. 8, 44 [45] (Antoninus Georgio 212), l. 24 pr. pign. act. 13, 7 (Ulpian. l. 30 ad ed.), und wird hier auch anstandslos mit Substantivis weiblichen Geschlechts zusammengestellt, cf. l. 24 pr. cit.: .... *quemadmodum si pro soluto ei res data fuerit....* Im Hinblick hierauf hat nun meines Erachtens die Annahme, dass *pro soluto* gleichermaassen adverbialisch in der Verbindung *pro soluto haberi* vorkommen und auch in dieser Wendung auf Hauptwörter jederlei Geschlechts bezogen werden könne, gar keine Bedenken.

Ich halte die obige Lesart aber auch für den Urtext der Stelle, stehe also auch von der Annahme irgend welcher Interpolation durch die Compilatoren ab, weil ein zwingender Grund zu solcher Annahme nicht vorliegt.

Wenden wir uns nun zu der Auslegung. Hier ist zunächst soviel gewiss, dass die Wendung *pro soluto compensationem haberi oportet,* sowohl sprachlich für sich, wie auch im Zusammenhang mit dem übrigen Inhalt der Stelle betrachtet, nichts Anderes bedeuten kann, als: „die *compensatio* muss an Zahlungsstatt erachtet, zahlungsmässig behandelt werden“. Die einzige sonst noch denkbare Auslegung: „die *compensatio* muss an Zahlungsstatt vorgenommen werden“ — die ja übrigens für die Bekämpfung einer Vonselbstcompensation sehr vortheilhaft wäre, da sie unzweifelhaft auf ein Compensiren durch Willensakt hindeuten würde — halte ich für sprachlich unmöglich, auch passt sie nicht in den Rahmen der Stelle hinein.

Ferner ist sicher, dass *ipso jure* nicht mit *compensationem* allein verbunden werden darf; es fehlt dann die grammatisch unerlässliche Participialverbindung *factam. Ipso jure* gehört vielmehr zu dem ganzen Satze: *pro soluto compensationem haberi oportet.* Dann erhellt aber wieder, dass es nicht die Bedeutung „von selbst“ haben kann; dieselbe würde sinnlos sein, man mag das *haberi* in dem von uns gebilligten oder in dem unsererseits abgelehnten Sinne übersetzen. Meiner Ansicht nach heisst *ipso jure* hier ganz einfach: „nach den Grundsätzen des Rechts“.

Die Stelle sagt demnach Folgendes: Nach den Grundsätzen des Rechtes muss *compensatio* an Zahlungsstatt erachtet werden, wie Zahlung behandelt werden bis auf die Zeit der Coexistenz zurück, natürlich nur bis zur Höhe der *concurrentes quantitates,* und Zinsen können nur von dem Ueberschuss gefordert werden, sofern die Klage bezüglich dieser Zinsen noch besteht.

Der zu Grunde liegende Fall ist offenbar so zu denken, dass lediglich eine Zinsenforderung *in lite* ist; und zwar werden, trotzdem eine kleinere Gegenforderung bereits seit längerer Zeit coexistent geworden ist, die sämmtlichen Zinsen seit der Coexistenz verlangt; der Beklagte beruft sich nun für die Zinsen zum Belauf der *concurrens quantitas* auf *compensatio;* — bezüglich der Zinsen vom Ueberschuss aber schützt er noch irgend eine andere Einrede vor, — daher der Schlussatz „*si . . petitio . . subsistit*“. — Darauf entscheidet der Kaiser über die — uns hier allein interessirende — Compensationseinrede folgendermaassen: „*compensatio* ist wie Zahlung zur Zeit des Coexistentwerdens zu behandeln; daher werden von der *concurrens quantitas*

Zinsen seit jenem Zeitpunkt nicht geschuldet." Wenn er diese Entscheidung als „den Grundsätzen des Rechts entsprechend" bezeichnet, so geht das wohl jedenfalls darauf, dass die hier schwebende Frage bereits durch eine *constitutio* des Septimius Severus geregelt war, die sich in l. l. 11 u. 12 h. t. erwähnt findet, uns ihrem Wortlaut nach aber nicht überkommen ist.

Soviel zur Auslegung. — Lassen sich nun aus dem Inhalt dieses Rescriptes oder sonstwie irgend welche Anhaltspunkte dafür auftreiben, dass es eine Vonselbstaufhebung der Forderungen durch die Coexistenz voraussetze? Nicht die geringsten. Wir können im Gegentheil — trotzdem die Stelle sich direct über das Wie des Compensationsvollzuges gar nicht ausspricht, sondern lediglich die Frage erörtert, wie geschehene *compensatio* in Bezug auf den Zinsenlauf zu behandeln sei, — dennoch mit Sicherheit schliessen, dass sie jenen Compensationsmodus nicht annimmt. Es erhellt dies einmal schon aus der zur Begründung der Zinsenhemmung gebrauchten Wendung: *pro soluto compensationem haberi oportet ex eo tempore ex quo ab utraque parte (pecunia) debetur.* Diese Begründungsphrase wäre ja, einem solchen Compensationsmodus gegenüber, ganz geschraubt und verwirrend, und man müsste sich billig wundern, dass der Rescribent nicht auf die bei dieser Sachlage so greifbar als nur möglich sich entgegenstellende Motivirung kam: „der Zinsenlauf hört seit der Zeit der Coexistenz auf, weil in diesem Moment bereits die Compensation vollzogen ist."

Ein ungleich wichtigeres Argument für unsere Annahme liegt aber darin, dass in zwei anderen Rescripten desselben Kaisers Alexander, die der l. 4 C. zeitlich dicht voraufgehen, — nämlich in der l. 3 C. h. t. vom Jahre 223 und der l. 3 § 1 C. comm. div. 3, 37 vom Jahre 224, — unzweifelhaft für den Vollzug der Compensation Willensakte erfordert werden, und dass auch keiner der sonst noch von diesem Kaiser über Compensationsangelegenheiten erlassenen Bescheide (es sind dies l. 1 C. rer. amot. 5, 21 (229); l. 2 C. in litem dando tut. 5, 44 (224); l. 6 C. h. t. (229); l. 7 C. h. t. [ohne Datum]) erweislich eine andere Auffassung vertritt. Diese Umstände machen meines Erachtens den Schluss, dass auch die l. 4 C. die Compensation nicht durch die Coexistenz, sondern durch andere Vorgänge, und zwar durch Willensakte, vollbringen lässt, ganz unabweislich.

Dass die übrigen Stellen, und mit ihnen die in l. l. 11 u. 12 erwähnte *constitutio Severi,* ganz auf dem gleichen Standpunkt stehen, dagegen spricht nicht das Mindeste, und dafür bez. der l. 5 C. der zwingende Umstand, dass auch sie ein Rescript Alexander's, und zwar aus demselben Jahre, wie die l. 4 C., ist, — und bezüglich der

l. l. 11 u. 12 das nicht minder gewichtige Argument, dass alle von Ulpian herrührenden Compensationsstellen bis auf die genugsam erklärte l. 10 pr. h. t. jenen Standpunkt vertreten.

Dies Ergebniss genügt schon wieder vollauf, um die Zinsenhemmung für die Gegner unverwerthbar zu machen.

Die Untersuchung über die näheren Voraussetzungen des Eintritts der Zinsenhemmung — die wir aus gleichen Gründen, wie den schon oben bei der *condictio indebiti* erwähnten, hier trotzdem noch anschliessen wollen — ist nun weit entfernt, etwas Gegentheiliges zu ergeben.

Die l. 4 C. h. t. nennt als Grund für die Zinsenhemmung, *compensatio* sei seit der Zeit der Coexistenz *pro soluto habenda.* Sie verlangt also offenbar, damit die Zinsenhemmung stattfinde, den Eintritt einer *compensatio* — welche letztere nach dem Obigen jedenfalls nicht eine Vonselbstaufhebung durch Coexistenz sein kann, sondern ein auf Compensation abzielender Willensakt sein muss — und solcher *compensatio* verleiht sie betreffs der Zinsensistirung rückwirkende Kraft bis zur Zeit der Coexistenz.

Die Vorbedingung für das Aufhören der Zinsverpflichtung ist ihr also nicht etwa die Coexistenz von Gegenforderungen, sondern die Vornahme jenes mit *compensatio* bezeichneten Willensaktes.

Die übrigen Stellen sprechen sich über die näheren Voraussetzungen der Zinsenhemmung gar nicht aus; zu der Annahme, dass sie und die in ihnen erwähnte *constitutio Severi* in dieser Beziehung auf anderen Grundlagen fussten, fehlt aber jedes Beweismaterial, auch jeder plausible Grund, zumal sie zeitlich mit der l. 4 C. so eng zusammenfallen. Man wird vielmehr mit gutem Recht behaupten können, dass dort ganz der gleiche Standpunkt vertreten wird, und in der l. 4 C. lediglich eine Reproduction der *constitutio Severi* zu erblicken ist; für letztere Annahme spricht ja auch, wie schon angedeutet, sehr eindringlich das *ipso jure.*

Dass eine unter solchen Modalitäten eintretende Zinsenhemmung untauglich ist, irgend etwas für eine Vonselbstaufhebung durch die Coexistenz zu beweisen, bedarf nun keiner weiteren Ausführung.

Zum Schluss noch eine für die Folge wichtige Bemerkung. Die *constitutio Severi* handelt, wie die l. l. 11 u. 12 ergeben, nur von der Hemmung des Laufes vertragsmässiger Zinsen. Desgleichen haben die l. l. 11 u. 12, die lediglich über die *constitutio* referiren, nur diesen Fall, nicht auch die Hemmung von Verzugszinsen im Auge. Dasselbe ist ferner auch für die übrigen Stellen zu behaupten — jedenfalls für l. 4 C., sowohl wegen ihrer ziemlich offensichtlichen Bezugnahme auf die *constitutio,* als auch, abgesehen davon, schon ihrer sonstigen Ausdrucksweise halber, die auf einen Streit um vertragsmässige Zinsen am Ungezwungensten passt; — aber auch für die l. l. 5 u. 7 C. citt. liegt keine Veranlassung vor, ihnen eine Beziehung auf Verzugszinsen zu geben.

b) Keine Lähmung der Forderungen durch die Coexistenz, welche die gemäss der Stellenmajorität eintretende übersteigt.

§ 11. Noch weniger als für eine Vonselbstaufhebung ergiebt sich nun aus diesen gesammten Momenten dafür, dass in der klassischen Zeit mit der Coexistenz von selbst eine Lähmung der Forderungen in dem von Windscheid angenommenen Umfange oder überhaupt eine Affection, welche über den Rahmen der auch nach der Majorität stattfindenden hinausging, eingetreten wäre; und zwar kommt man auch hier weder für das gesammte Compensationsgebiet, noch für das *stricti juris judicium* im Besonderen zu abweichenden Resultaten.

Die *condictio indebiti* wäre mit der Annahme solcher umfangreicheren Lähmung wohl verträglich, lässt sich aber, wie ohne Weiteres einzusehen ist, auch ohne dieselbe rechtfertigen, bildet also kein Argument für ihr Bestehen. Die Begründung, welche l. 4 C. h. t. der Hemmung des Zinsenlaufes giebt — und zwar, wie wir annehmen dürfen, in Uebereinstimmung mit den übrigen von der Zinsensistirung handelnden Stellen — ist aber jedenfalls mit der Anschauung, dass die Coexistenz eine vollständige Lähmung herbeiführe, ganz unvereinbar. Und endlich ergeben die l. l. 4. 10 pr. 21 h. t. für gegnerische Ansichten der jetzt in Frage stehenden Art nicht den mindesten Anhalt. Man müsste ihren Worten denn geradezu Gewalt anthun; und bei der l. 21 würde auch das nichts nützen, weil der Wegfall der *cautio de rato* sich nicht erklären lässt. Doch davon Näheres ebenfalls erst unten im vierten Capitel.

Als Ergebniss unserer in den §§ 6—11 vorgenommenen Untersuchungen ist demnach hinzustellen, dass die dort erörterten Quellenzeugnisse und rechtlichen Vorgänge keinen Anlass geben, von derjenigen Ansicht über die Wirkung der Coexistenz im vorjustinianischen Recht, welche auf Grund des von der grossen Masse der Quellenstellen gelieferten Materials sich bilden muss, abzuweichen — weder für das ganze Rechtsgebiet, noch für das der *stricti juris judicia* im Besonderen.

Gehen wir jetzt über zu der Betrachtung, welchen Einfluss das klassische Recht dem zweiten der oben genannten Vorgänge, der einseitigen Erklärung des Compensationswillens durch den dazu Berechtigten, einräumt.

III. Die Wirkungen der einseitigen Erklärung des Compensationswillens.

§ 12. I. Auch die einseitige Erklärung des Compensationswillens vermag im vorjustinianischen Recht unter keinen Umständen die Aufhebung der *concurrentes quantitates* herbeizuführen.

Nach dem Bericht des Gajus bedarf es zum Vollzuge der Compensation stets der Mitwirkung des Gegners oder des Richters: Gajus IV. § 61: *(judex) habita ratione ejus quod invicem actorem .... praestare oporteret.* § 64: *(argentarius) cogitur cum compensatione agere.* § 65: *item bonorum emtor cum deductione agere jubetur.* Ebenso sprechen in l. 8 h. t. (Gajus l. 9 ad ed. prov.), l. 22 h. t. (Scaevola l. 2 quaest.), l. 43 pr. pign. act. 13, 7 (Scaevola l. 5 dig.), l. 18 § 1 h. t. (Papinianus l. 3 resp.) die Wendungen *si compensatio ei denegetur, compensatio admittitur, quaesitum est an .... judex hujus damni rationem habere debeat, creditor compensare non cogitur* für die Nothwendigkeit solcher Mitwirkung. Ganz bestimmt geht dieselbe endlich auch hervor aus zwei Kaiserrescripten: zunächst l. 2 C. h. t. (Antoninus Claudio et Asclepiadi, ohne Datum): .... *eum vero, qui judicati convenitur, compensationem pecuniae sibi debitae implorare posse nemini dubium est....* wo man das *implorare compensationem* doch ungezwungen nur von der Erbittung des Vollzuges einer bisher noch nicht vorgenommenen Compensation verstehen kann, und nicht etwa von der Beantragung des Ausspruchs, dass bereits vom Beklagten compensirt sei; sodann l. 3 C. h. t. (Alexander Aetrio Capitoni 223): *in ea quae rei publicae te debere fateris, compensari ea quae ab eadem tibi debentur, is cujus de ea re notio est, jubebit .....* wonach also die Vollziehung der Compensation erst durch einen, sei es nun an den judex oder an den Gegner ergehenden Befehl zu compensiren angebahnt werden muss, jedenfalls also auch nur durch dem entsprechende Compensationshandlungen erfolgen kann.

Für die gegentheilige Auffassung existiren brauchbare Beweismittel meines Wissens überhaupt nicht; namentlich sind auch die *ipso jure*-Stellen in keiner Weise für sie verwendbar, wie ja auf den ersten Blick erhellen muss.

II. Bis zum Ende des zweiten Jahrhunderts p. Chr. ist die einseitige Compensationserklärung anscheinend überhaupt ohne jede Wirkung geblieben, denn in den Quellen ist bis zu diesem Zeitpunkt nicht das Mindeste über sie erwähnt.

In der Folgezeit aber treten allerdings vereinzelte Quellenzeugnisse auf, welche jener Erklärung selbstständige Wirkungen zuschreiben.

Aus l. 20 § 2 *statulib.* 40, 7 (Paulus l. 16 ad Plautium): *quodsi (servus) heredi dare jussus est decem, et eam summam heres debeat servo: si velit servus eam pecuniam compensare, erit liber* ... ersehen wir zunächst einen Fall, wo das Compensationsangebot wie ein Zahlungsangebot wirkt. Wie dieses, so soll auch die Compensationsofferte, bei Widerspänstigkeit des an der Nichterfüllung der Bedingung Interessirten, schon als Erfüllung der Bedingung gelten.

Einen weiteren Aufschluss giebt uns l. 12 C. h. t. (Diocletianus et Maximianus Lucio Corneliano 294): *invicem debiti compensatione habita, si quid amplius debeas, solvens vel accipere creditore nolente offerens et consignatum deponens de pignoribus agere potes.* Hier kann das *compensatione habita* nach der Lage der Sache keinesfalls von dem Vollzuge einer vertragsmässigen Compensation verstanden werden; ebensowenig aber auch, im Hinblick auf die klaren Ausprüche der sub I. angeführten Stellen, von einer durch einseitige Erklärung vollzogenen Compensation. Es darf vielmehr lediglich aufgefasst werden als Stellung eines Compensationsanerbietens; *compensatio* hat letztere Bedeutung häufiger, so namentlich in den Wendungen *compensationem opponere, objicere.* Dies nehmen auch Eisele (p. 253) und Windscheid (Pand. 5. Auflage § 349 Anm. 15[a]) an.

Die Stelle besagt demnach, dass der Pfandschuldner, wenn er für einen Theil seiner Schuld Compensation angeboten, den Rest aber entweder bezahlt oder gehörig offerirt und deponirt habe, die *actio pigneraticia* anstellen könne. Sie zeigt uns also einen Fall, in welchem das Compensationsangebot noch stärker wirkt, als das blosse Zahlungsangebot; denn jenes genügt, nach ihr zu schliessen, schon für sich allein, um die Befreiung des Pfandes herbeizuführen, während das Zahlungsanerbieten dieses Ziel erst in Verbindung mit gehöriger Deposition der Schuldsumme zu erreichen vermag (cf. auch l. 8 C. distr. pign. 8, 27 [28] (Gordianus Maximo 239); l. 19 § 2 C. usuris 4, 32 (Diocl. et Maxim. Aureliae Irenaeae, ohne Datum).

Endlich ergiebt meines Erachtens auch die schon mehrfach erwähnte l. 4 C. h. t. einen Fall selbstständiger Wirksamkeit des Compensationsangebots. Wir sahen oben, dass diese Stelle als Voraussetzung für die Befreiung von den seit der Coexistenz laufenden vertragsmässigen Zinsen eine *compensatio* nennt, welche nicht durch die Coexistenz eintritt, sondern ein Willensakt ist. Mit dieser *compensatio* muss ein Compensationsangebot gemeint sein. Sprachlich ist das vollkommen möglich; sachliche Erwägungen aber machen diese Annahme nothwendig. Spräche nämlich die Stelle den Satz aus, dass erst Compensationsvollzug jene Wirkung bezüglich der Zinsen erzeuge, so hätten wir einmal die auffallende Erscheinung, dass das römische Recht zwei so nahe verwandte Rechtsfolgen, wie die Pfandbefreiung und die Zinsenhemmung, die es in der Lehre von der Realerfüllung nach durchaus gleichen Grundsätzen eintreten lässt, im Compensationsgebiet an grundverschiedene Voraussetzungen knüpfte; und das nicht etwa vorübergehend, sondern Jahrhunderte hindurch; denn von einer späteren Aenderung der in den l. l. 4 u. 12 C. h. t. ausgesprochenen Grundsätze ist nichts bekannt. Ferner aber hätte das römische Recht, wenn es nun einmal beabsichtigte, dem Compensationsberechtigten die Möglichkeit, sich von den seit der Coexistenz aufgelaufenen Zinsen zu befreien, zu gewähren, mit solcher Bestimmung ihm ein zur Erreichung jenes Zweckes möglichst untaugliches Mittel in die Hand gegeben. Der Gegner konnte dadurch zunächst an einer vorläufigen Eintreibung der Zinsen in keiner Weise gehindert werden; er brauchte ja nur die Zinsenklage anzustellen, ohne gleichzeitig das Kapital zu fordern, ohne also dem Compensationsberechtigten die Gelegenheit zum Vollzug der Kapitalcompensation und somit zur Erfüllung der für die Zinsenhemmung gesetzten Bedingung zu gewähren. Und in allen den Fällen, wo der Gegner das Kapital überhaupt nicht einklagte, weil er an der Einklagung desselben kein Interesse hatte — namentlich also, wenn seine Forderung gleich gross oder kleiner wie die Gegenforderung war — konnte er dem Compensationsberechtigten trotz jener Bestimmung die Zinsen sogar auf Nimmerwiedersehen entziehen.

Hat *compensatio* dagegen in der l. 4 die von uns behauptete Bedeutung, so ist die so naturgemäss erscheinende einheitliche Behandlung der Pfandbefreiung und der Zinsenhemmung im Wesentlichen auch im Compensationsrecht gewahrt, und vor Allem steht dem Compensationsberechtigten zur Erreichung jener Zinsbefreiung ein wirklich praktisches Mittel zu Gebote, das ihn von dem guten Willen des Gegners durchaus unabhängig macht.

Im Hinblick hierauf kann es wohl nicht zweifelhaft sein, dass die l. 4 C. h. t. den Satz enthält: „In Bezug auf die Hemmung des Zinsenlaufes wirkt schon das Compensationsangebot wie Zahlung im Moment des Coexistentwerdens.“[1]

Diese Entscheidungen constituiren nun meines Erachtens nicht vereinzelte rechtliche Singularitäten, sondern sie wollen aufgefasst werden als Ausflüsse eines allgemeinen Princips, das sich allmählich im

---

[1] Nach unseren Ausführungen S. 29 müssen wir daher auch der *constitutio Severi* und den anderen uns über die Zinsensistirung erhaltenen Stellen dies als Grundgedanken unterstellen.

Compensationsrecht zur Geltung durchgerungen hatte, und dessen Ausbildung, nachdem einmal die vollzogene Compensation der vollzogenen *solutio* in ihren Wirkungen völlig gleichgestellt war, sich eigentlich als nothwendige Consequenz, sowie auch als unumgängliches Postulat der *aequitas* hinstellte: des Princips nämlich, der Compensationsofferte allgemein selbstständige Wirkungen, und zwar nach Analogie der dem Zahlungsangebot zukommenden, beizulegen.

Von diesem Gesichtspunkt aus betrachtet, sind uns die obigen Stellen nun speciell Zeugnisse dafür, dass das Compensationsangebot jetzt gerade wie das Zahlungsanerbieten den nicht darauf reagirenden Gläubiger in *mora accipiendi* versetzte, und dass es bezüglich der Accessionen der Hauptforderung, namentlich also bezüglich der Pfänder und der vertragsmässigen Zinsen, sogar die stärkere Wirkung erhielt, die dem Zahlungsangebot nur in Verbindung mit Deposition zustand.

Dieser letztere Satz bedeutet nicht, wie man auf den ersten Blick vielleicht glauben möchte, eine unbillige Bevorzugung des Compensationsangebots vor der Zahlungsofferte; jedenfalls nicht in Bezug auf die Pfandbefreiung. Das ältere römische Recht verlangte hier auch beim Zahlungsangebot gar keine Deposition (cf. die Stellen bei Windscheid Pand. § 346, Anm. 4); und der Grund, wesswegen sie später, seit Diocletian, für nöthig erachtet wurde, liegt offenbar darin, dass man den Gläubiger durch die blosse Zahlungsofferte nicht für gesichert genug hielt, um ihm ohne Unbilligkeit die Realcaution entziehen zu können; lag doch die Möglichkeit, dass der Schuldner in der Zeit, wo der Gläubiger sich besann, die Schuldsumme wieder verbrachte, auf der Hand. Solche Verbringung des Befriedigungsobjects ist nun aber, wo dies Object eine Gegenforderung ist, naturgemäss nicht möglich; daher ist es ganz consequent, hier für die Pfandbefreiung lediglich das Compensationsanerbieten als Voraussetzung zu fordern.

Aber auch in Bezug auf die Sistirung des Zinsenlaufes ist durch jenen Rechtssatz der Compensationsberechtigte nicht besser gestellt als derjenige, welcher Baarzahlung zu leisten hat. Der Grund, wesswegen der Baarleistung Anbietende vom Zinsenlauf doch erst durch Deposition befreit wird, liegt, wie Windscheid (Pand. § 346, Anm. 7) mit Recht ausführt, darin, dass er bis zur Deposition noch im Genuss des Geldes ist, und es den Römern unbillig erschien, dass er die Zinsen lucrire. Bietet nun A Compensation an, so bleibt er, wenn B darauf nicht eingehen will, allerdings auch noch nach der Offerte im Genuss des geschuldeten Kapitals; aber dafür bleibt auch sein Gegner B im gleichen Umfange im Genuss eines ihm, dem A geschuldeten Betrages; materiell hat daher A gar keinen Genuss von dem fremden Gelde mehr. Der Grund also, wesswegen von dem zur Baarleistung Verpflichteten Deposition gefordert wird, fällt dem Compensationsberechtigten gegenüber weg; es ist daher auch hier ganz consequent, wenn die Sistirung des Zinsenlaufes an das blosse Compensationsanerbieten geknüpft wird.

Eine Unbilligkeit und eine gewisse Inconsequenz liegt aber allerdings in der speciellen für die Sistirung des Zinsenlaufes geltenden Bestimmung, dass jene, sobald nur die Compensationsofferte gestellt ist, schon von dem Moment des Coexistentwerdens ab, also für die Regel noch rückwärts über den Zeitpunkt des Compensationsanerbietens hinaus stattfindet. Es ist ja richtig, dass schon seit der Zeit der Coexistenz der Compensationsberechtigte, materiell betrachtet, nicht mehr im Genuss des von ihm geschuldeten Kapitals ist. Aber der zur Baarzahlung Verpflichtete, welcher schon vor dem Zahlungsangebot deponirt hat, wird, wenn er später die Zahlung anbietet, von der Zinsenleistung auch nicht von dem Augenblick an frei, wo er (durch die Deposition) den Genuss des Kapitals verloren hat, sondern erst mit der Stellung seiner Offerte. Warum diese Bevorzugung des Compensationsberechtigten! Man ist hier offenbar in dem Bestreben, die *aequitas compensationis* im Interesse des Berechtigten in jeder Weise zur Geltung zu bringen, etwas über das Ziel hinausgegangen.

Dafür, dass die Compensationsofferte seit jener Zeit auch die *mora solvendi* des Schuldners und ihre Wirkungen beendigt, besitzen wir kein Quellenzeugniss. Wir werden es trotzdem unbedingt annehmen dürfen; es ist nicht denkbar, dass man, einmal die Ausbildung des obengedachten Princips anstrebend, die Entwickelung desselben nach dieser, zu der vorhin erörterten in so enger Beziehung stehenden Richtung hin unterlassen haben sollte. Dass bezüglich der Befreiung von den Verzugszinsen auch eine Rückwirkung eingetreten sein sollte, ist aber nicht glaublich. Die in l. 4 C. reproducirte *constitutio Severi* handelt, wie wir oben sahen, nur von vertragsmässigen Zinsen, durch sie ist also solche Rückwirkungsbestimmung für das jetzt vorliegende Gebiet nicht eingeführt; und Anzeichen, dass sie durch andere Gesetze geschaffen worden sei, fehlen gänzlich. Es würde ja auch in solcher Bestimmung ein sehr arger Verstoss gegen die Grundsätze, nach denen sonst die Beseitigung der Verzugsfolgen eintritt, gelegen haben.

Als im Sinne jener Zeit liegend muss es endlich noch erachtet werden, dass der Schuldner durch die Compensationsofferte in gleicher Weise wie durch das Zahlungsangebot von anderweitigen Nachtheilen befreit wird, die auf Nichtleistung oder nicht rechtzeitige Leistung gesetzt sind, wie z. B. von der Verwirkung des emphyteutischen und Miethsrechts, und von dem Verfall einer Conventionalstrafe.

§ 13. Resultate.

Nach den in den §§ 4—12 gewonnenen Ergebnissen stellt sich nun die Rechtsgrundlage des Compensationseinwandes, — wenn wir zunächst nur die Periode bis ca. 200 p. Chr., in welcher die einseitige Compensationserklärung noch gänzlich unwirksam ist, in Betracht ziehen —, folgendermassen dar:

Ihr Inhalt ist nicht geschehene Compensation, sondern lediglich Dasein eines Rechts auf Compensation; sie ficht nicht den Bestand der Klagforderung an; sie hemmt auch nicht die Möglichkeit, dass dieselbe zur Zeit überhaupt geltend gemacht werde; sondern sie streitet lediglich gegen die Zuständigkeit der verlangten Befriedigungsart. Sie ist also weder der Rechtsgrundlage einer peremtorischen noch der einer dilatorischen Einrede gleich, sondern besitzt eine ganz eigenartige Natur.

Dass diese Rechtsgrundlage für die Einführung eines Compensationsverfahrens ein geeigneter Boden ist, bedarf keiner weiteren Ausführung.

Dieser Charakter der Rechtsgrundlage ist nun auch in der Folgezeit dadurch, dass die einseitige Compensationserklärung jene selbstständigen Wirkungen erhielt, nicht geändert.

Die Anführung jener Wirkungen, die ja allesammt nur für das Schicksal der Accessorien der Klagforderung von Bedeutung sind, gehört garnicht in die rechtliche Begründung des Compensationseinwandes, der sich ja lediglich gegen die Eintreibung des Kapitals richtet. Neben diesem Compensationseinwand steht, seitdem die Compensationsofferte jenen eigenen Einfluss erhalten, eine neue, allein gegen die unbefugte Einforderung der Accessorien gerichtete Einrede, die jenem gegenüber völlig selbstständig und unabhängig ist, die sogar in der Regel in einem anderen Prozesse als der Compensationseinwand zum Zuge kommt; — und allein in die rechtliche Begründung dieser neuen Einrede gehören begrifflich die Wirkungen des Compensationsangebots.

Wollte man sie aber auch wirklich, dies verkennend, in die Rechtsgrundlage des Compensationseinwandes aufnehmen, so würden sie doch nicht eine solche Veränderung derselben hervorbringen, die sie zu einem für die Schaffung eines Compensationsverfahrens nicht mehr geeigneten Boden machte; hierzu würde sie ja nur untauglich, wenn ihr Inhalt geschehene Compensation wäre; und Letzteres vermögen sämmtliche uns aus jener Zeit bezeugten Wirkungen der Compensationsofferte zusammengenommen nicht zu erreichen.

Die Rechtsgrundlage des Compensationseinwandes ist und bleibt also während der ganzen vorjustinianischen Zeit durchaus ein geeigneter Untergrund für den Aufbau eines Compensationsverfahrens. Verbindet man dieses Ergebniss mit den aus den l. 10 § 3 h. t., 43 p. 13, 7, 8 § 1 46, 8 zu entnehmenden Schlüssen, so wird man in die Aussage des Theophilus, dass ein solches Verfahren in das *stricti juris judicium* damals wirklich eingeführt wurde, einen gegründeten Zweifel nicht setzen können, — zumal wenn man erwägt, dass die klassische Zeit auf dem übrigen Rechtsgebiet die Ausbildung der Compensationsverfahren in grossem Umfange betrieben hat.

Drittes Kapitel.

Das Alter des Verfahrens.

§ 14. Die Justinianischen Berichte. Betrachtung der zum Beweise ihrer Glaubwürdigkeit verfolgbaren Wege.

Ueber das Alter des gemeinen Compensationsverfahrens im *stricti juris judicium* berichtet uns der § 30 I. act. 4, 6: *sed et in strictis judiciis ex decreto Divi Marci opposita doli mali exceptione compensatio inducebatur*, und Theophilus ad h. l. bestätigt diesen Bericht unter folgender weitläufiger Schilderung: (*ταῦτα μεν οὖν ἡ φύσις βούλεται τῶν bonae fidei δικαστηρίων*); *ἐπὶ δε τῶν στρίκτων, ἐπειδὴ τῆς ἀκριβείας αὐτῆς γίνεται λόγος, εἰ κινῶν τις κατ᾿ ἐμοῦ περὶ ί νομισμάτων τυχὸν, εἰ καὶ ἀντεποφείλει έ νομίσματα, εἰς τὰ ί οὐδὲν ἧττον καταδικασθήσομαι. Καὶ ταῦτα μὲν, ὅσον ἐκ τῆς ἀκριβείας αὐτῆς. διάταξις δὲ γέγονε Μάρκου τοῦ βασιλέως, ἥτις φησὶν, ἐναγομενόν με στρίκτᾳ ἀγωγῇ περὶ ί νομισμάτων, καὶ ἀντεποφειλόμενον έ, δυνάσθαι ἀντιτιθέναι τῇ ἀγωγῇ τὴν τοῦ δόλου παραγραφὴν. καὶ τῆς τοιαύτης ἀντιτεθείσης παραγραφῆς, χώρα δίδοται τῷ δικαστῇ, δέξασθαι τὴν κομπενσατίωνα, καὶ εἰς έ μόνα καταδικάσαι νομίσματα.*

Hiernach bürgerte sich also erst unter der Alleinherrschaft Marc Aurels ein allgemeines Compensationsverfahren im *stricti juris judicium* ein.

Man hat nun, wie wir oben bereits sahen, vielfach Anstand genommen, diesen Berichten Glauben zu schenken, weil man in anderweitigen Quellenzeugnissen Spuren davon zu entdecken vermeinte, dass ein solches Verfahren bereits in früherer Zeit bestanden habe.

Ich meinerseits habe jedoch die Ueberzeugung gewonnen, dass die justinianischen Rechtshistoriker uns hier die Wahrheit berichtet haben. Die uns erhaltenen vorjustinianischen Quellen lassen sich nicht nur etwa zur Noth mit jenen Referaten vereinigen, sondern sie bieten sogar die schwerwiegendsten Argumente dafür, dass der wirkliche Stand der Dinge der justinianischen Ueberlieferung entsprochen hat.

Ich könnte den Wahrheitsbeweis für Theophilus in folgender directer Weise antreten: ich könnte mich auf die wichtige Thatsache stützen, dass der Institutionencommentar des Gajus, dessen Abfassung nach Fitting (p. 21. 22) entweder in die Zeit der *Divi fratres* oder in die ersten Jahre der Alleinherrschaft Marc Aurel's fällt, über ein gemeines Compensationsverfahren im *stricti juris judicium* nicht die geringste Andeutung enthält, trotzdem er das processuale Compensationsrecht einer ausführlichen Schilderung unterwirft —, und sodann die weitere Beweisführung direct darauf abstellen, dass auch in dem übrigen Quellenmaterial keine glaubhaften Spuren früherer Einführung solches Verfahrens vorhanden seien, wohl aber Anzeichen für seine Entstehung unter Marc Aurel.

Der fragliche Beweis lässt sich indess auch noch in einer anderen, indirecten Weise erbringen.

Ein zu allgemeiner Anwendung bestimmtes Compensationsverfahren kann ins *stricti juris judicium* nicht eher eingeführt sein, als bis es ein allgemeines Recht auf Compensation gegenüber der *stricti juris actio* gab; das bedarf keines weiteren Beweises. Sobald ein solches Recht dagegen entstehen konnte, war es, da ja eine Verwirklichung desselben durch einseitige Thätigkeit des Berechtigten im römischen Recht ausgeschlossen ist, natürlich und nothwendig, dass auch sofort ein prozessuales Verfahren zwecks seiner Durchsetzung geschaffen wurde.

Der Zustand eines Rechts auf Compensation ist aber hier so wenig wie sonstwo eher vorgekommen, als bis dieses Recht unmittelbar kraft Rechtssatzes zuständig wurde. Man könnte erwidern, man müsse sich ja von jeher solches Recht haben vertragsmässig zusichern können, und werde dies vor Einführung der gesetzlichen Compensationsbefugniss, vom Bedürfniss des Rechtsverkehrs getrieben, häufigst gethan haben. Aber dieser Einwand ist hinfällig. Dass es möglich war, sich das Recht auf zukünftige Compensation vertragsmässig zu wahren, gebe ich zu; ich bestreite aber, dass diese Möglichkeit praktisch verwirklicht ist. In den Quellen findet sich meines Wissens keine Hindeutung auf solches *pactum de compensando*; und man wird sich in der That schwerlich dazu verstanden haben, vertragsmässig ein Recht einzuräumen, durch welches der Erfolg der eigenen Klage ganz in das spätere Belieben des Gegners gestellt wurde. Man wird vielmehr vertragsmässig stets nur feste Compensationsabkommen getroffen haben, auch bei Forderungen, die zur Zeit noch nicht existent oder noch nicht compensabel waren; nur diese Verträge waren dazu angethan, das beiderseitige Interesse in billiger Weise zu wahren.

Man kann desshalb auch Folgendes als bewiesen erachten: die Entstehung jenes Compensationsverfahrens muss zeitlich mit der allgemeinen Einführung des gesetzlichen Rechtes auf Compensation gegenüber der *stricti juris actio* zusammenfallen.

Im *stricti juris judicium* können ferner nur Gegenforderungen *ex dispari causa* geltend gemacht werden. Das Vorbringen von Gegenforderungen *ex eadem causa* — wie Ubbelohde § 9 es vertheidigt — ist hier begrifflich unmöglich. *Ex eadem causa* stammt eine Forderung, wie wir schon oben ausführten, nur dann, wenn sie mit der Klagforderung aus demselben Rechtsgrunde, demselben Rechtsgeschäfte herleitbar ist (cf. Gajus IV. 61). Aus dem römischen *stricti juris negotium* kann nun aber stets nur eine streng einseitige Berechtigung bez. Verpflichtung entstehen; diese strenge Einseitigkeit bildet ja gerade sein charakteristisches Wesen; das Bestehen von Gegenforderungen *ex eadem causa* ist also mit der Natur des *stricti juris negotium* unvereinbar. Einer *stricti juris actio* können allerdings unter Umständen auch solche Gegenforderungen opponirt werden, wie sie im *bonae fidei judicium* häufig als Gegenforderungen *ex eadem causa* auftreten: namentlich Forderungen, die mit dem Leistungsgegenstand der Hauptforderung in einem gewissen Zusammenhange stehen, z. B. Impensenansprüche; — aber damit werden im *stricti juris judicium* keine Gegenforderungen *ex eadem causa* vorgebracht. Denn das *stricti juris negotium,* aus dem die Hauptforderung stammt, lässt sich durch keine noch so gewagte Interpretation als Quelle dieser Gegenansprüche auffassen; dieselben haben hier jedesmal ihre eigenen andersartigen Rechtsgründe, z. B. besonderes anderweites Versprechen, *negotiorum gestio,* ungerechtfertigte Bereicherung.

Im Hinblick hierauf muss endlich als richtig anerkannt werden folgender Satz: die Einführung des allgemeinen Compensationsverfahrens ins *stricti juris judicium* muss geschehen sein, sobald das allgemeine gesetzliche Recht auf Compensation *ex dispari causa* gegenüber der *stricti juris actio* anerkannt war, — nicht eher und nicht später.

Wir können den Wahrheitsbeweis zu Gunsten der justinianischen

Historiker daher auch indirect dadurch erbringen, dass wir darthun, es habe sich jenes allgemeine gesetzliche Recht auf Compensation *ex dispari causa* gegenüber der *stricti juris actio* gerade in der Zeit der Alleinregierung Marc Aurel's zur Geltung durchgerungen.

Diesen zweiten indirecten Weg der Beweisführung wollen wir wählen, und zwar einmal aus dem Grunde, weil die Quellen hier das Beweismaterial in ausgiebigerem Maasse liefern, und sodann, weil wir dabei zugleich einen Blick in die interessante Entwickelungsgeschichte des gesetzlichen Rechts auf Compensation hineinzuthun vermögen.

§ 15. Die Entstehungsgeschichte des allgemeinen gesetzlichen Rechts auf *compensatio ex dispari causa* gegenüber der *stricti juris actio.* — Ergebnisse.

Aus der Darstellung der Compensation in Gajus' Institutionen können wir mit Sicherheit entnehmen, dass zu der Zeit, wo dieser Commentar geschrieben wurde, für Gegenforderungen *ex dispari causa* gegenüber einer *stricti juris actio* noch kein allgemeines gesetzliches Recht auf Compensation bestand. Gajus spricht dies zwar nirgends direct aus; wir ersehen aber aus dem § 61: *in bonae fidei enim judiciis cum libera potestas permitti videatur judici ex aequo et bono aestimandi, quantum actori restitui oporteat, hac in potestate ejus continetur ut habita ratione ejus quod invicem actorem ex eadem causa praestare oporteret, in reliquum eum cum quo actum est condemnare,* dass dieses gesetzliche Recht, mit Gegenforderungen *ex dispari causa* zu compensiren, im *bonae fidei judicium* damals noch nicht bestand, — und im Hinblick hierauf scheint mir die Annahme, dass es im *stricti juris judicium* dennoch schon vorhanden gewesen, unmöglich.

Denn die Anerkennung des gesetzlichen Rechts auf Compensation bedeutete einen Sieg den das lebendige Bedürfniss des Verkehrs über den strengen Formalismus des römischen Rechts, gewiss nach langem Kampfe, davongetragen hatte; es erscheint mir nun ganz unglaublich, dass die *stricti juris actio* sich eher diesem Andrängen gebeugt haben sollte als das *bonae fidei judicium*; ich meine vielmehr, die Annahme des geraden Gegentheils hat die höchste Wahrscheinlichkeit für sich. Kennzeichnet sich doch sonst die *stricti juris actio* überall als die Versteinerung des Formalismus, starr und kalt gegen die noch so dringenden Anforderungen der Rechtsentwickelung jüngerer Jahrhunderte, und denselben immer nur auf Umwegen einigermassen zugänglich gemacht; während dem *bonae fidei judicium* gerade von vorneherein als vornehmster Lebenszweck gesetzt wurde, mit der Entwickelung des Rechtslebens gleichen Schritt zu halten und neu auftauchenden Verkehrsinteressen ein stets bereiter und schlagfertiger Beschützer zu sein.

Der Einwand Eisele's (p. 15): *compensatio ex dispari causa* sei im *bonae fidei judicium* bis zum Aufhören des Formularprozesses weder thunlich noch möglich gewesen — nicht thunlich, weil Kläger in Nachtheil kommen konnte (durch Verschleppung etc.), wenn Beklagter erst in späteren Prozessstadien Compensation vorschützte, — nicht möglich, weil der *judex* durch die *formula* der *bonae fidei actio* auf die in der *demonstratio* genannte *causa* beschränkt gewesen sei — ist meines Erachtens hinfällig; die Nachtheile der Verschleppung etc. waren ja bei der *compensatio ex eadem causa* in ganz der gleichen Weise möglich, also hätte auch diese nicht minder unthunlich sein müssen; und was die behauptete Unmöglichkeit betrifft, so begrenzen *demonstratio* und *intentio* im *bonae fidei judicium*, gerade so gut wie die *intentio* der *stricti juris actio,* nur die Voraussetzungen der *condemnatio;* diejenigen der (vollständigen oder theilweisen) *absolutio* sind durch sie nicht erschöpft; sie sind hier wie dort erweitert durch die mannigfachen Exceptionsthatbestände, deren einer, wie wir später sehen werden, das Compensationsvorbringen ist; und diese Exceptionsthatbestände hat nach bekannten Rechtsgrundsätzen der *judex* des *bonae fidei judicium* zu berücksichtigen auch wenn sie der *formula* nicht inserirt sind![1] Also die Structur des *bonae fidei judicium* setzt der *compensatio ex alia causa* keinerlei Hinderniss entgegen.

Dem aus Gajus' Institutionenkommentar gewonnenen Ergebniss steht das übrige noch vorhandene Quellenmaterial, welches erweislich der Zeit vor Abfassung jenes Werkes entstammt, nicht entgegen. Allerdings muss ich beanspruchen, dass man die Uebereinstimmung als erwiesen schon dann erachte, wenn dargethan wird, dass die betreffenden Stellen einen mit dem fraglichen Ergebniss verträglichen Sinn haben können, und dass man nicht den Nachweis verlange, dass sie nur in diesem Sinne verständlich sind. Dieser Anspruch muss aber meines Erachtens im Hinblick darauf, dass Gajus' Institutionenkommentar eine der Interpolation oder Auslassung vollkommen unver-

[1] Dieser Einwand führt ausserdem zu der Annahme, dass im *bonae fidei judicium* weit über 100 Jahre, nachdem im *stricti juris judicium* sicher *ex dispari causa* compensirt wurde (unter Marc Aurel war dies schon bestimmt der Fall; cf. unten), solche Compensation noch nicht möglich war. Ich glaube nicht, dass man dem allzeit praktischen Sinn der Römer zumuthen darf, aus formalistischen Bedenken einem der praktischsten Rechtsinstitute ein volles Jahrhundert lang den Eingang in dasjenige *judicium* verwehrt zu haben, das sonst die Seele einer praktischen Rechtsentwickelung war; sie hätten dort sicher Abhülfe geschaffen, wenn solche nöthig gewesen wäre.

dächtige Quelle ist, dass sich aus ihm das obige Resultat mit grosser Sicherheit ergiebt, und dass hingegen das gesammte übrige Quellenmaterial den Digesten entstammt und wegen der durchgreifenden justinianischen Aenderungen im Compensationsrecht der Interpolation gewiss in umfassender Weise unterzogen ist — als wohlbegründet anerkannt werden.

In Frage kommen die l. l. 2. 3. 4. 5. 8. 10 § 3. 13. 14. 15 h. t.

Von diesen Stellen scheiden zunächst die l. 3 h. t. (Pomponius l. 25 ad Sabinum: *ideo compensatio necessaria est, quia interest nostra potius non solvere quam solutum repetere* — sowie die l. 14 h. t. (Javolenus l. 15 ex Cassio): *quaecunque per exceptionem perimi possunt, in compensationem non veniunt* gänzlich desshalb aus, weil sie keinerlei Andeutung für die vorliegende Frage enthalten.

Die l. 10 § 3 h. t. (Ulpianus l. 63 ad ed.): *in stipulationibus quoque quae instar actionis habent, id est praetoriis, compensatio locum habet: et secundum Julianum tam in ipsa stipulatione quam in ex stipulatu actione poterit obici compensatio* spricht sich, soweit sie eine Ansicht Julian's referirt — nur desshalb kommt sie ja hier in Betracht —, viel zu undeutlich aus, als dass daraus irgendwie geschlossen werden könnte, Julian habe schon das allgemeine gesetzliche Recht auf Compensation *ex dispari causa* vertheidigt. Im Gegentheil scheint mir die Auffassung sehr wohl möglich, dass Julian nur die Hinzufügung eines bedingten Compensationsvertrages beim Abschluss der Stipulation im Auge hatte, dass Ulpian in solcher Maassnahme irgend welche Vortheile gegenüber der blossen späteren Berufung auf das gesetzlich zuständige Compensationsrecht entdeckte, und desshalb empfiehlt, sich auch jener noch fernerhin zu bedienen.

Die folgenden Stellen: l. 13 h. t. [Ulpianus (Labeo) l. 66 ad ed.]: *quod Labeo ait, non est sine ratione, ut si cui petitioni specialiter destinata est compensatio, in ceteris non objiciatur*, l. 15 h. t. (Javolenus l. 2 epistularum): *pecuniam certo loco a Titio dari stipulatus sum: is petit a me quam ei debeo pecuniam: quaero an hoc quoque pensandum sit, quanti mea interfuit certo loco dari: respondit, si Titius petit, eam quoque pecuniam, quam certo loco promisit, in compensationem deduci oportet: sed cum sua causa, id est ut ratio habeatur, quanti Titii interfuerit, eo loco quo convenerit pecuniam dari*, ferner die schon oben (p. 14) im Wortlaut citirte l. 5 h. t. (Gajus l. 9 ad ed. prov.), und endlich die l. 8 h. t. (Gajus eod. loco): *in compensationem etiam id deducitur quo nomine cum actore lis contestata est, ne diligentior quisque deterioris condicionis habeatur, si compensatio ei denegetur* — welche beiden letzteren Stellen nach Fitting p. 20 unter Antoninus Pius verfasst sind —

kann man sämmtlich sehr wohl dahin verstehen, dass sie ursprünglich nur das dem *argentarius* gegenüber bestehende Compensationsrecht im Auge hatten. Für die beiden Stellen von Gajus ist diese Auffassung sogar nothwendig; ich ersehe darin die einzige befriedigende Lösung des scheinbaren Widerspruches zwischen ihnen und dem Institutionenkommentar.

Aber auch hiervon ganz abgesehen ist jene Auslegung, und zwar bei allen vier Stellen, durchaus naheliegend. Sie behandeln sämmtlich Verhältnisse, die zweifellos im Argentarierverkehr vorkommen konnten; und wenn man sich desshalb gegen unsere Auslegung eingenommen fühlt, weil man specielle directe Hinweise auf die *actio cum compensatione* vermisst, so mag man bedenken, dass die Argentariercompensation im justinianischen Recht spurlos verschwunden ist, und dass desshalb jede Anspielung darauf, welche diese Stellen etwa enthielten, ausgemerzt werden musste.

Demgemäss würde l. 5 ursprünglich ausgesprochen haben, es sei billig, dass der Bürge des Geschäftsfreundes nicht nur das Guthaben des Hauptschuldners, sondern auch sein eigenes gegenüber dem *argentarius* zur Compensation stellen könne; — l. 8 würde dem Geschäftsfreund das Recht geben, auch einen schon in Streit befangenen Posten der *actio qua argentarius experitur* gegenüber noch compensando geltend zu machen; — l. 13 würde eine Ansicht des Labeo, dass eine vertragsmässige Vinculirung des Compensationsrechtes auf einzelne Posten bindend sei (trotzdem ja der *argentarius* prinzipiell immer nur den den Saldo erhalten soll), referiren, — und endlich l. 15 würde entscheiden, dass der *argentarius* bei der Berechnung des Saldo sein Ortsinteresse in Anschlag bringen dürfe.

Es erübrigt nun noch die Betrachtung der l. l. 4 und 2 h. t.

Aus der l. 4 (den Text cf. oben p. 18) geht zwar unzweifelhaft hervor, dass Neratius und Pomponius ein Recht auf *compensatio ex dispari causa* gegenüber der *stricti juris actio* vertheidigten (cf. oben p. 19); aber eben so klar zeigt die Art und Weise, wie Paulus sich ihrer Ansicht annimmt, dass sie mit der letzteren nicht zu allgemeiner Anerkennung durchgedrungen sind. Die Stelle vermag also die Glaubwürdigkeit des Gajischen Commentars in keiner Weise zu erschüttern.

Und ebensowenig vermag dies die l. 2 h. t. (Julianus l. 90 digest.): *unusquisque creditorem suum eundemque debitorem petentem summovet, si paratus est compensare,* wenngleich sie in dem Text, den die Digesten ihr geben, mit den Auslassungen des Commentars ganz unvereinbar erscheint.

Denn dies Fragment ist unzweifelhaft von den Compilatoren bis zur Unkenntlichkeit entstellt. Dass ein *exceptione* gestrichen ist, erhellt aus dem stehengebliebenen *summovet*, wird auch fast allgemein zugegeben; sehr verdächtig klingt aber ferner das schwerfällige *unusquisque*, und ganz besonders in dem vorliegenden Zusammenhange das *paratus*. (Ueber Letzteres cf. auch Eisele p. 41). *paratus est* sagt man von Jemand der sich auf ein an ihn gestelltes Verlangen hin zu etwas bereit erklärt, nicht aber von dem, der aus eigener Initiative handelt und mit einer Maassnahme vorgeht, nach welcher die Gegenpartei durchaus kein Begehren zeigt.

Ueber die ursprüngliche Gestaltung des Textes lassen sich Aufstellungen, die über das Gebiet der reinen Vermuthung hinausgehen, nicht machen. Mir will es möglich scheinen, dass Julian statt *paratus est compensare* geschrieben hat: *pactus est compensari*. *pacisci* mit dem Infinitiv ist selten, kommt aber vor; cf. l. ult. pact. 2. 14 (Furius Anthianus l. 1 ad ed.) „*pactus a se non peti*". Dann handelte die Stelle von vollzogener vertragsmässiger Compensation und spräche aus, dass dem Paciscenten die *exceptio pacti* zur Seite stehe. Möglich, dass man bisher andere strengere Formen für die vertragsmässige Compensation angewandt hatte, dass erst zu Julian's Zeit das blosse *pactum de compensando* als vollwirksam anerkannt wurde und dieser Satz in der l. 2 ausgesprochen werden sollte. Cf. übrigens Eisele p. 246—248.

Dem sei nun aber wie ihm wolle: jedenfalls ist die l. 2 als eine taugliche Stütze für das Bestehen eines gesetzlichen Compensationsrechts *ex dispari causa* und eines Compensationsverfahrens im *stricti juris judicium* in der Zeit vor Marc Aurel nicht anzuerkennen. Am allerwenigsten lässt sich aber auf sie die von Eisele für diese Periode behauptete Verallgemeinerung der *actio cum compensatione* gründen (cf. oben p. 5). Und hierauf sei mir gestattet an dieser Stelle excursweise kurz einzugehen, da sich später die Gelegenheit nicht mehr bietet, und ich doch diese neueste Ansicht nicht unbesprochen lassen möchte. Die Eisele'sche Auslegung ist schon desshalb unhaltbar, weil sie darauf fusst, dass *compensare* in l. 2 technisch für *cum compensatione agere* steht; was völlig unbewiesen und durch keine Analogie in den Quellen gerechtfertigt ist. Sie muss aber auch wegen der Resultate zu denen sie führt verworfen werden. Das Zwangsmittel nämlich, welches nach Eisele der Beklagte für die Regel anzuwenden hat, damit es zur *actio cum compensatione* komme, ist für ihn (wie auch Brinz in der Krit. Vierteljahrsschrift XIX, p. 329 hervorhebt) durchaus unpraktisch; einmal drängte es ihn in die ungünstige Situation der Klägerrolle; sodann konnte er es mit Erfolg nur dann gebrauchen, wenn seine Gegenforderung grösser als die Forderung des Gegners war; denn sonst hatte er *re vera* keinen Saldo zu fordern, musste also den Prozess verlieren, und büsste damit ausserdem, wenn Geldforderungen gegenüberstanden, also in der grossen Mehrzahl der Fälle, ein Drittel des Betrages seiner Forderung als *poena restipulationis* ein. — Eisele, der diese Unzuträglichkeiten selbst fühlt, will dem Mittel für den Gläubiger der gleich grossen resp. kleineren Gegenforderung einige praktische Bedeutung retten durch die Behauptung, es habe Fälle gegeben, in denen die Bereiterklärung des B zum *agere cum compensatione* den A mürbe machte, doch lieber noch seinerseits *cum compensatione* zu klagen. Beispiele nennt Eisele aber nicht. Sie müssten auch sehr abnormer Natur sein; denn für gewöhnlich wird die sichere Aussicht auf Absolution und eventuell noch Einheimsung der *poena restipulationis* den B nicht zur Aufgabe der Beklagtenrolle veranlassen! —

Das Ergebniss unserer bisherigen Untersuchungen geht dahin, dass ein allgemeines gesetzliches Recht auf Compensation *ex dispari causa* zu der Zeit, wo Marc Aurel die Alleinherrschaft antrat, also circa um das Jahr 169 p. Ch., noch nicht anerkannt war.

Ein solches Recht wird dagegen unzweifelhaft schon vorausgesetzt in der nach Fitting p. 26 unter Commodus geschriebenen l. 22 h. t. von Scaevola (l. 2 quaest.): *si debeas decem aut hominem, utrum adversarius volet, ita compensatio hujus debiti admittitur, si adversarius palam dixisset, utrum voluisset.* Ja, wir finden seine Existenz gegenüber der *stricti juris actio* sogar schon früher bezeugt, nämlich in der (aus systematischen Rücksichten erst unten im vierten Kapitel näher zu besprechenden und desshalb auch dort erst im Text wiedergegebenen) l. 43 p. pign. act. 13, 7 von demselben Autor, deren Abfassungszeit nach Fitting p. 26 noch unter die Alleinregierung Marc Aurel's fällt.

Hieraus ergiebt sich, dass das allgemeine gesetzliche Recht auf *compensatio ex dispari causa* gegenüber der *stricti juris actio* unter der Alleinherrschaft Marc Aurel's zur Anerkennung gekommen sein muss.

In Folge dessen muss, — nach unseren obigen Ausführungen, — auch die Einführung des Compensationsverfahrens ins *stricti juris judicium* dieser Zeit entstammen.

Der Bericht der Institutionen und des Theophilus über das Alter des besagten Compensationsverfahrens ist also vollkommen wahrheitsgetreu. Unter diesen Umständen wird man seiner weiteren Angabe, dass der die Einbürgerung des Verfahrens veranlassende Akt ein kaiserliches Rescript gewesen sei, ohne weiteres Glauben schenken dürfen, wiewohl für diese Thatsache Anhaltspunkte anderweit nicht zu gewinnen sind.

Viertes Kapitel.

Die Beschaffenheit des unter Marc Aurel eingeführten Verfahrens.

I. Das prozessuale Wesen der sonstigen, zur Einführungszeit obigen Verfahrens bereits vorhandenen Compensationsmodi.

§ 16. Einleitung. Das Verfahren im *bonae fidei judicium.*

Die nachstehenden Untersuchungen wollen wir damit beginnen, dass wir uns das prozessuale Wesen derjenigen Compensationsverfahren vergegenwärtigen, welche bereits bestanden, als das Verfahren im *stricti juris judicium* aufkam. Wir erhalten so einen Ueberblick über die Principien, welche das römische Recht bei der Ausbildung solcher Verfahren im Allgemeinen zu befolgen pflegte, und werden dadurch in den Stand gesetzt, die späteren speciellen Erörterungen über das in Frage stehende Verfahren von einem erweiterten Gesichtskreise aus und mit erhöhter Urtheilsfähigkeit vorzunehmen.

Nach Gajus IV. 61 ff. zu schliessen, gab es zur fraglichen Zeit bereits drei Compensationsmodi: das Verfahren im *bonae fidei judicium,* die *actio cum compensatione* des *argentarius* und die *actio cum deductione* des *bonorum emtor.* Aus der l. 38. R. V. von Celsus (l. 3 digest.) kann man aber entnehmen, dass auch bei der *rei vindicatio* damals bereits unter Umständen ein Compensationsverfahren stattfand; dasselbe kam jedoch wohl selten vor, wesshalb Gajus es in seinem Lehrbuch, das ja nur die Grundlagen des Rechts, nicht aber jedes Detail zu erörtern bestimmt war, fortgelassen haben mag.

Betrachten wir zunächst das Verfahren im *bonae fidei judicium.*

Das Verfahren beschreibt uns Gajus IV. 61. 63 — wenn man den Anfang des § 61 aus § 39 I. act. 4, 6 ergänzt — nach den neuesten Entzifferungen der Veroneser Handschrift folgendermaassen: § 61 .... *in bonae fidei enim judiciis cum libera potestas permitti videatur judici ex aequo et bono aestimandi, quantum actori restitui oporteat, hac in potestate ejus continetur, ut habita ratione ejus, quod invicem actorem ex eadem causa praestare oporteret, in reliquum eum cum quo actum est condemnare.* § 63. *Liberum est tamen judici, nullam omnino invicem compensationis rationem habere, nec enim aperte formulae verbis praecipitur; sed quia id bonae fidei judicio conveniens videtur, ideo officio ejus contineri creditur.* Der Charakter und der Verlauf des Verfahrens ist aus dieser Schilderung im Allgemeinen deutlich zu ersehen.

Als Einleitungsmittel ist zu denken ein einfacher Compensationsantrag, der in die *formula* nicht *expressis verbis* aufgenommen wird und daher auch noch *in judicio* gestellt werden kann.

Auf diesen Antrag hin prüft der *judex* Bestand und Compensabilität der Gegenforderung und kompensirt das compensabel Befundene; woran sich, sofern auf der Seite des Klägers ein Ueberschuss festgestellt ist, die *condemnatio* des Beklagten in diesen Rest anschliesst.

Soweit ist Alles klar, und soviel ich ersehe, auch unbestritten. Grosse Meinungsverschiedenheit herrscht aber bezüglich der Natur des eigentlichen Tilgungsvorganges. Die herrschende Meinung lässt die Tilgung unmittelbar durch die Thätigkeit des *judex* geschehen, lässt ihn die Forderungen durch Aufhebungsdecret aus der Welt schaffen; Brinz dagegen (Comp. 112. 113) behauptet, die Tilgung werde nicht unmittelbar durch die Thätigkeit des *judex* vollzogen; diese bestehe lediglich in der Cognition über die Gegenforderungen, in einer sich daran anschliessenden mechanischen Abrechnung — dies versteht er hier unter *compensatio* —, und endlich in der *condemnatio* in den Rest. Die Tilgung erfolge vielmehr erst durch die prozessuale Consumtion, welche durch jene richterliche Thätigkeit herbeigeführt werde.

Ich vertheidige die herrschende Meinung. Die Brinz'sche Aufstellung lässt sich nicht begründen.

Zunächst bricht die Auffassung der im § 63 mit *compensationis rationem habere* und in dem, den § 61 nur wiederholenden Anfang des § 30 J. act. ausdrücklich mit *compensare* bezeichneten Thätigkeit des *judex* als blosse Rechnungsmanipulation in unmotivirter Weise mit der quellenmässig überlieferten Bedeutung des Wortes *compensare*.

Die Brinz'sche Aufstellung führt ferner zu dem befremdlichen Ergebniss, dass weder Gajus noch die sonstigen Quellen über den eigentlichen Tilgungsvorgang, also über den Schwerpunkt des ganzen Verfahrens, irgend welche Nachricht oder auch nur Andeutung geben, was in Werken, die wie Gajus Commentar und die Institutionen, Lehrzwecke verfolgen, geradezu unverzeihlich wäre.

Ausserdem ist es aber, wenn *compensare* nur die von Brinz angenommene Bedeutung hat, garnicht möglich, dass eine Aufhebung der *concurrentes quantitates* eintritt.

I. Insonderheit nicht Aufhebung durch Consumtion; denn die Consumtion der Gegenforderung kann in dem ganzen Brinz'schen Verfahren gar nicht erwirkt werden. Dieser letzte Punkt bedarf einer eingehenden Erörterung.

Es ist hier vorerst zu bemerken, dass die Consumtion der compensando geltend gemachten Gegenforderung jedenfalls nicht schon durch die blosse in *litem deductio* eintritt (während letzterer Act bei klagweiser Geltendmachung bekanntlich zur Herbeiführung des Consumtionseffectes ausreichend ist). Wird ersichtlich, dass die Gegenforderung existent aber nicht compensabel sei, so steht ihrer späteren Verfolgung im klagweisen Verfahren nichts entgegen: l. 7 (8) § 2 neg. gest. 3. 5 (Ulpian. l. 10 ad ed.): *si quocunque modo ratio compensationis habita non est a judice, potest contrario judicio agi* ..... l. 1 § 4 contr. tut. 27. 4 (Ulpian. l. 36 ad ed.): .... *quid ergo si judex compensationis ejus rationem non habuit, an contrario judicio experiri possit! et utique potest* ...... l. 7 § 1 h. t. (Ulpian. l. 28 ad ed.): *si rationem compensationis judex non habuerit, salva manet petitio* ...... Davon, dass hier erst eine *exceptio rei in litem deductae* zu beseitigen wäre, ist nirgends die Rede. Die neuerlichen andersartigen Ausführungen SCHOLLMEYER's (pag. 20. 21 Anm. 1), der eine resolutiv bedingte Consumtion, bedingt nämlich dadurch, dass der *judex* die Gegenforderung überhaupt nicht in den Kreis seiner Betrachtung ziehe, — eintreten lassen will, haben für mich nichts Ueberzeugendes; die Quellen deuten dergleichen nicht an.

Consumtionswirkung hat vielmehr erst ein über die Gegenforderung ergangenes Judicat.

Und auch dieses nicht immer; es kommt auf den Ausfall der in demselben enthaltenen Feststellung an. Die obigen Stellen bezeugen uns, unmittelbar anschliessend an die vorher aus ihnen mitgetheilten Sätze, Folgendes: l. 7 (8) § 2 cit.: *quod si post examinationem reprobatae fuerint pensationes, verius est quasi re judicata amplius agi contrario judicio non posse, quia exceptio rei judicatae opponenda est;* l. 1 § 4 cit.: *sed si reprobata est haec reputatio, et adquievit, non debet judex contrario judicio id sarcire;* l. 7 § 1 cit.: *nec enim rei judicatae exceptio obici potest. aliud dicam si reprobavit pensationem quasi non existente debito: tunc enim rei judicatae mihi nocebit exceptio.*

Also nur, wenn die richterliche Entscheidung, welche auf Grund des Cognitionsverfahrens ergeht, die Nichtexistenz der Gegenforderung ausspricht, wenn also die richterliche Feststellung rein negativ ausfällt, wird *exceptio rei judicatae* gegeben; und auch dies ward zu Ulpians Zeit nur zögernd und nicht allgemein anerkannt, wie die vorsichtige und auf Controversen hindeutende Wortfassung Ulpians namentlich in der ersten Stelle bezeugt; man scheute sich offenbar vor der Anerkennung dieses Satzes, trotzdem das Rechtsgefühl sie begehrte, — weil man es nicht leicht finden mochte, ihn mit dem bisherigen Prinzip des Consumtionsrechtes, wonach nur die klagweise vorgebrachte Forderung consumirt wurde, zu vereinigen.

Bejaht die richterliche Entscheidung dagegen die Existenz und verneint nur die Compensabilität der Gegenforderung, fällt also die Feststellung wenigstens bezüglich der Existenz positiv aus, so wird die *exceptio rei judicatae* nicht begründet. Noch weniger, meine ich, wurde sie gegeben, wenn die Entscheidung Existenz und Compensabilität constatirt, also eine Feststellung rein positiven Inhalts ausspricht.

In dem Brinz'schen Verfahren kommt es nun aber, sofern der *judex* die Gegenforderung compensabel befindet, lediglich zu einer solchen Feststellung rein positiven Inhalts; von einer durch diese herbeigeführten Consumtion kann also nicht die Rede sein.

Ebensowenig vermögen die beiden anderen Vorgänge, die das Brinz'sche Verfahren enthält, die Abrechnung und die *condemnatio* in den Rest, eine Consumtion der Gegenforderung zu bewirken. Die „Abrechnung" ist ein rein mechanisches Subtractionsexempel, dessen Ausstattung mit der Consumtionsfolge durch keinerlei positiven Beweis belegt werden kann, und in dem Geist, den das römische Prozessrecht athmet, auch nicht die mindeste Stütze findet; — und die *condemnatio* nur auf den Ueberschuss ist eine lediglich die Klagforderung tangirende Handlung, welche sich mit der Gegenforderung gar nicht beschäftigt, also doch auch zu ihrer Consumtion nicht mitwirken kann.

Die *condemnatio in minus* des Brinz'schen Verfahrens ist übrigens — um diesen Punkt excursweise näher zu berühren — ein völlig ungesetzlicher Act. Sie geht aus von der Voraussetzung, dass die Gegenforderung bereits unschädlich gemacht sei; und das ist, nach dem Vorigen, eben nicht der Fall. Der *judex* hat zu sprechen auf das, was Beklagter dem Kläger im Momente der Urtheilsfällung noch schuldet, und das ist nach dem Brinz'schen Verfahren auch *ex fide bona* noch immer die ganze Klagforderung. Condemnirt er also nur auf den Ueberschuss, so fällt er ein ungerechtes Urtheil. Und durch dieses Urtheil bringt er den Kläger um die *concurrens quantitas* seiner Forderung (welcher ja nun die *exceptio rei judicatae* entgegensteht) ohne jeden Entgelt; — man müsste denn behaupten wollen, die Gegenforderung werde Billigkeits halber consumirt; dazu wird sich aber wohl Niemand entschliessen, denn das würde Ausgleichung einer Ungesetzlichkeit durch eine andere bedeuten, da ja die Annahme einer Consumtion keinerlei rechtlichen Boden hat.

II. So wenig aber die Consumtion in dem Brinz'schen Verfahren zur Herbeiführung der Compensation aushilft, ebensowenig lässt sich in diesem Verfahren irgend ein anderer Vorgang entdecken, der die Tilgung der *concurrentes quantitates* bewirken könnte.

Die Erwägung der im Vorigen erörterten Umstände, insbesondere die Entdeckung, dass die Brinz'sche Aufstellung ein Verfahren erzeugt, welches zur Herbeiführung weder des von Brinz behaupteten noch sonst eines anderen Compensationsvorganges fähig ist und ausserdem an Ungesetzlichkeit krankt, — muss dazu führen, das Brinz'sche Verfahren als quellenwidrig zu verwerfen.

Folgt man nun der Annahme der herrschenden Meinung, so werden alle jene Klippen, an denen die Brinz'sche Auffassung scheitert, glücklich vermieden: es wird einmal dem *compensare* seine altüberlieferte Bedeutung gewahrt; es werden sowohl Gajus wie auch die Institutionenverfasser von dem Vorwurf jener unbegreiflichen Auslassung befreit; und endlich fungirt dann das Verfahren durchaus prompt und zweckentsprechend. Der *judex* spricht, nachdem er die Compensabilität ermittelt, wie schon gesagt, die Compensation der *concurrentes quantitates* direct aus, d. h. er hebt dieselben kraft richterlicher Machtbefugniss direct und unmittelbar durch richterlichen Willensakt auf, — und condemnirt eventuell noch den Beklagten in den dem Kläger zustehenden Ueberschuss.

Brinz (Comp. p. 112) hat für diese Tilgung der *concurrentes quantitates* durch richterlichen Willensakt ebenfalls einige Sympathie; er entscheidet sich aber dennoch dagegen, weil „es nicht in die Absicht des Richters gelegt werden kann, dass er die Parteien bezahle".

Aber warum denn nicht? Wesshalb soll, — wenn ich ein Recht auf Compensation, d. h. also, ein Recht auf Befriedigung des Gegners anstatt durch Baarzahlung durch Aufgabe meiner Gegenforderung habe, und wenn ich dieses Recht einseitig zu verwirklichen nicht im Stande bin, — wesshalb soll dann dem *judex* nicht die Absicht zugemuthet werden dürfen, seinerseits dies Recht zu verwirklichen? Es wird ihm doch sonst ganz allgemein die Absicht vindicirt, der Realisirung berechtigter Ansprüche seine Hülfe angedeihen zu lassen!

Weit eher könnte man meines Erachtens fragen, ob diese Compensationsart nicht desshalb zu verwerfen sei, weil das römische Recht dem *judex* nicht die dazu nöthige Dispositionsgewalt über die *concurrentes quantitates* einräume. Aber diese Frage muss verneint werden. Wir ersehen aus den *judicia divisoria*, dass dem *judex* erforderlichen Falls die freieste unmittelbare Verfügungsbefugniss in Bezug auf Begründung und Uebertragung wie Aufhebung von Privatrechten eingeräumt worden ist; es liegt kein Grund vor, anzunehmen, dass das römische Recht vor der Einräumung einer entsprechenden Gewalt bei der Compensation zurückgeschreckt sein sollte, zumal diese Concession dort zur Herbeiführung eines praktischen Verfahrens sich als nothwendig erwies.

Nach diesem Allen liegen keine Bedenken vor, sich der Ansicht der herrschenden Meinung über die Natur des Tilgungsvorganges rückhaltlos anzuschliessen.

§ 17. Die *actio cum compensatione:* Darstellung und Kritik der herrschenden Meinung.

Dieses eigenthümliche Institut schildert uns Gajus IV. 64. 68. ebenfalls ziemlich detaillirt: § 64: *alia causa est illius actionis qua argentarius experitur: nam is cogitur cum compensatione agere, et ea compensatio verbis formulae exprimitur, adeo quidem, ut statim ab initio compensatione facta minus intendat sibi dari oportere: ecce enim si sestertium X milia debeat Titio, atque ei XX debeantur, sic intendit: si paret Titium sibi X milia dare oportere amplius quam ipse Titio debet.* § 68: *praeterea compensationis quidem ratio in intentione ponitur; quo fit, ut si facta compensatione plus nummo uno intendat argentarius, causa cadat et ob id rem perdat....* Bezüglich der prozessualen Natur dieses Verfahrens weiche ich nun von den Aufstellungen der herrschenden Meinung — die bereits oben im ersten Kapitel (p. 5) genügend wiedergegeben sind — sehr wesentlich ab.

Ich stimme mit der herrschenden Meinung überein darin, dass als Zwangsmittel zur Herbeiführung des Verfahrens der Antrag des Beklagten, dem Kläger nur *actio cum compensatione* zu verstatten, diente, — und dass Kläger daraufhin zur Wahl dieser *formula* durch Denegation der *actio pura* genöthigt wurde. Im Uebrigen aber komme ich zu völlig andersartigen Ergebnissen.

Hält man mit der herrschenden Meinung die *actio cum compensatione* für ein Verfahren mit gerichtlicher Compensation, so treten ganz die gleichen Bedenken hervor, welche sich gegen das von Brinz für das *bonae fidei judicium* vertheidigte Verfahren erhoben.

A. Zunächst muss dann auch hier die mit *compensatio* bezeichnete Thätigkeit des Klägers als mechanische Abrechnung, ja unter Umständen sogar in einer von der quellenmässig überlieferten noch viel entfernteren Bedeutung, nämlich als rein formale Einkleidung der Klagforderung in ein Saldogewand ohne irgend welche materielle Berücksichtigung der Gegenforderung, verstanden werden.

B. Es machte sich dann ferner auch hier Gajus der unverzeihlichen Nachlässigkeit schuldig, dass er über den wichtigsten Akt des ganzen Verfahrens, über den Tilgungsvorgang, mit Stillschweigen hinwegginge.

C. Und endlich ist die nach Maassgabe der herrschenden Meinung construirte *actio cum compensatione*, geradeso wie das BRINZ'sche Verfahren im *bonae fidei judicium*, unfähig, die Tilgung der *concurrentes quantitates* herbeizuführen, verfehlt also vollständig ihren Zweck.

I. EISELE will die Tilgung bewirken lassen durch prozessuale Consumtion. Ich behaupte dem gegenüber, dass das ganze, von der herrschenden Meinung angenommene Verfahren keine Möglichkeit bietet, die Consumtion der *concurrentes quantitates* herbeizuführen. Es bedarf zur Beweisführung einer nochmaligen genauen Vergegenwärtigung seines Verlaufes. Nachdem Beklagter *in jure* sein Compensationsbegehren gestellt, giebt der Prätor dem Kläger auf, nunmehr nur noch den Saldo, den er jetzt noch beanspruche, einzufordern, und zwar in Saldoform. Nachdem Kläger einen dementsprechenden Antrag gestellt, concipirt der Prätor die *formula cum compensatione*, d. h. er weist den *judex* an, die Grösse der compensablen Gegenforderung, sowie natürlich, falls die Hauptforderung noch nicht durch *confessio in jure* feststeht, auch den Umfang dieser letzteren festzustellen, — demnächst aber nachzuprüfen, ob Kläger den Saldo richtig berechnet, und je nach dem Ausfall dieser Prüfung, auf das klagweise Eingeforderte zu condemniren, resp. zu absolviren. Der *judex* verfährt völlig dementsprechend.

1. Hierbei ist zunächst keine Consumtion der Gegenforderung möglich.

a. In der *actio cum compensatione* der herrschenden Meinung bestehen die prozessualen, die Gegenforderung betreffenden Vorgänge, falls sie compensabel befunden wird, lediglich in einer richterlichen Feststellung rein positiven Inhalts und ausserdem in einer mechanischen Abrechnung von der Klagforderung.

Die Consumtion der Gegenforderung kann aber auch bei der *actio cum compensatione* nur dann eintreten, wenn ihre Nichtexistenz durch Judicat festgestellt ist, also eine Feststellung rein negativen Inhalts über sie erfolgt ist. Directe Quellenbeweise für diese Aufstellung kann ich zwar nicht erbringen. Wir können ihre Richtigkeit indess auf folgende Weise schliessen.

Wir haben vollen Grund anzunehmen, dass die Consumtion bei der *actio cum compensatione* unter ganz denselben Umständen eintrat, wie im *bonae fidei judicium*. Denn wie die Consumtion des klagweise vorgebrachten Anspruchs sich im römischen Recht als Ausfluss eines einheitlichen prozesspolitischen Princips, der Regel *ne bis in idem*, darstellt, und sich bei allen Klagarten in ihren Voraussetzungen einheitlich regelt, so hat ohne Zweifel auch die Consumtion der compensationsweise geltend gemachten Forderungen einen einheitlichen rechtlichen Zweck und dementsprechend überall einheitliche Gestalt.

Jener einheitliche Zweck aber stellt sich in den vom *bonae fidei judicium* handelnden Aussprüchen Ulpian's in l. 7 (8) § 2 neg. gest. (lib. 10 ad edict.), l. 1 § 4 contrar. tut. act. (l. 36 ad edict.), l. 7 § 1 h. t. (lib. 28 ad ed.) dar als die Durchbildung der von den Neueren sogenannten positiven Function der *exceptio rei judicatae;* die *litis contestatio* für sich allein soll das spätere Einklagen einer *compensando* opponirten Gegenforderung in keiner Weise hindern, und das Judicat nur dann, wenn es die Existenz dieser Gegenforderung verneint hat.

Eisele, der zu einer Erwägung des von mir soeben ausgeführten Gesichtspunktes wohl noch keine Gelegenheit gehabt hat, meint nun zwar (p. 32. 33), die Art und Weise der Consumtion richte sich lediglich danach, wie die Compensation zugelassen werde, d. h. es komme ganz und allein auf Art und Zeit der *in litem deductio* der Gegenforderung an; und diese *in litem deductio* sei bei der *actio cum compensatione* anders als im *bonae fidei judicium,* und zwar für die Herbeiführung schon der *exceptio rei in litem deductae* durchaus geeignet.

Aber ich glaube nicht, dass das römische Recht die einheitliche Entwickelung der Consumtion an prozessualen Formalitäten hätte scheitern lassen; es würde wohl eher umgekehrt die letzteren jenem Ziel entsprechend verändert haben.

Ich meine auch, es lässt sich ein directer Gegenbeweis gegen die Eisele'sche Ansicht erbringen.

Thatsächlich braucht zwar nicht, aber kann die *in litem deductio* der Gegenforderung im *bonae fidei judicium* in ganz gleicher Weise erfolgen wie bei der *actio cum compensatione.* Es kann ja Beklagter sein Compensationsbegehren auch dort schon specificirt *in jure* vorbringen und dann ist die Anweisung zur Berücksichtigung dieses Einwandes gerade so gut in der *formula* enthalten, wie bei der *actio cum compensatione.* Sie wird nur nicht speciell ausgesprochen wie im *stricti juris judicium,* weil der *judex* im *bonae fidei judicium* ja nicht, wie dort, concreter Vollmacht zur Cognition über die Gegenforderung bedarf, sondern sie liegt mit in dem quidquid d. f. op. ex f. b. condemna.

Mit diesem Vorbringen *in jure* und dieser Hineinziehung in die *formula* liegen die Voraussetzungen für die Begründung der *exceptio rei in litem deductae* meines Erachtens gerade so vollständig vor wie in Folge des Verfahrens mit der Gegenforderung, welches bei der *actio cum compensatione in jure* stattfindet; dass der *judex* auch direct aus der *formula* die Vorschützung des Compensationseinwandes ersehen könne, ist für die Begründung dieser Einrede ja ganz gleichgültig; es genügt, wenn jene Thatsachen nur anderweitig beweisbar sind; ist sie doch ein für alle Mal mit der *litis contestatio* begründet, auch wenn überhaupt nie ein *judex* von dem Prozess erfährt!

Wenn nun trotzdem die obigen Stellen für das *bonae fidei judicium* ganz allgemein, also doch auch für diesen Fall der *in litem deductio*, die *exceptio rei in litem deductae* verneinen und nur die *exceptio rei judicatae* in positiver Function zulassen, so ist das meines Erachtens ein durchschlagender Beweis, dass die Art der *in litem deductio* für die Consumtion der Compensationsforderung ganz gleichgültig ist, dass also das römische Recht bei der Entwickelung der Consumtionstheorie auf dem Compensationsgebiet sich von formalen Gesichtspunkten nicht beeinflussen liess.

b. Man könnte mir nun aber einwenden: die sub I. citirten Stellen bezeugten uns nur den Rechtszustand zur Zeit Ulpian's; die *actio cum compensatione* aber wie *compensatio* im *bonae fidei judicium* seien weit älter, und für sie könne sehr wohl früher ein anderes Consumtionsprincip, speciell das bei den Klagen bestehende, auch zu Gajus' Zeit noch gegolten haben, welches das zweckmässige Functioniren der von der herrschenden Meinung vertheidigten *actio cum compensatione* gestattete. — Dem gegenüber behaupte ich: es hat vor Ulpian überhaupt keine Consumtion der *compensando* geltend gemachten Forderung gegeben. Die Quellen berichten uns von solcher Consumtion aus früherer Zeit schlechterdings nichts; und die zagende Art, in der Ulpian in l. 7 (8) § 2 cit. die positive Function der *exceptio rei judicatae* zugesteht, sowie überhaupt die ganze Ausdrucksweise der oben citirten drei Stellen lässt mit Sicherheit darauf schliessen, dass hier nicht von der Einschränkung einer älteren Consumtionstheorie die Rede ist, sondern von der Vertheidigung der Consumtion als eines ganz neu eingeführten Instituts.

Die nothwendige Voraussetzung für die Entwickelung einer Consumtionstheorie auf dem Compensationsgebiet war meines Erachtens die Erkenntniss, dass auch in dem Compensationsbegehren ein *agere* stecke, indem Beklagter auf diese Weise ja auch Realisirung seiner Forderung durch richterlichen Schutz und Spruch erreichen wolle: und diese Erkenntniss ist der römischen Jurisprudenz nicht vor Ulpian gekommen.

Meines Wissens ist wenigstens die l. 1 exc. 44, 1 (Ulpianus l. 4 ad ed.): *agere etiam is videtur qui exceptione utitur; nam reus in ex-*

ceptione actor est neben der l. 15 ratam rem 46, 8 (Paulus l. 14 ad Plautium) die älteste Stelle, welche auf diese Gleichstellung anspielt.[1]

Vor Ulpian wird freilich jedenfalls, wenn eine Forderung eingeklagt wurde, welche im früheren Prozess vom jetzigen Kläger *compensando* vorgebracht und vom Richter als nichtexistent verworfen war, auch schon eine *exceptio doli* gegeben sein, durch die man praktisch genau so geschützt war, wie durch die spätere *exceptio rei judicatae;* aber die Substantiirung jener *exceptio doli,* ihre juristische Analysirung ist erst das Werk der Ulpianischen Jurisprudenz.

Dass die Gegenforderung in der von Gajus berichteten *actio cum compensatione* durch Consumtion getilgt wurde, ist also auch desshalb nicht möglich, weil es zu Gajus' Zeit noch gar keine Consumtion der *compensando* geltend gemachten Forderung gab.

Soviel von der Gegenforderung.

2. Von der Hauptforderung nun wird ohne Zweifel nur der Theil consumirt, welcher als klagweise geltend gemacht anzusehen ist — wie Brinz (Comp. p. 93) mit Recht behauptet.

Nach Allem, was wir wissen, unterliegt ein Anspruch einer Consumtion nur dann, wenn, und nur insoweit, als man für ihn in dem Prozesse, wo er vorgebracht wurde, die Exequirbarkeit (bei der Compensation die sofortige, durch den Richter zu vermittelnde Execution) erlangen wollte. Verstellung des Anspruchs zur richterlichen Cognition zu anderen Zwecken erzeugt Consumtion nicht. Bei der Einklagung einer Rate wiederkehrender Leistungen z. B. muss jedesmal das ganze Rechtsverhältniss der richterlichen Cognition unterbreitet werden, und doch wird consumirt nur das, dessen Exequirbarkeit erbeten wird: die Rate.

Nun wird auch bei der *actio cum compensatione* die Feststellung der Hauptforderung in ganzer Grösse von dem Richter, wenn überhaupt, dann nur zu dem Zweck begehrt, damit er so die Richtigkeit der klägerischen Rechnung prüfen und dadurch zu einer Entscheidung über den klagweise eingeforderten Theil gelangen könne. Für den

---

[1] Die l. 1 exc. — in deren Nachsatz ich übrigens lediglich eine zwecklose Wiederholung des Vordersatzes finden kann und desshalb ein nicht von Ulpian herrührendes Glossem erblicken möchte — lässt allerdings bei ihrer ganz allgemeinen Redeweise auch eine Beziehung auf die Beweislehre zu (cf. l. 19 prob.); mit Sicherheit deutet aber Nichts darauf hin, und es ist gewiss auch nicht unzulässig, sie mit der *exceptio compensationis* (cf. unten Abschnitt II.) in Verbindung zu bringen, zumal Ulpian ja letztere Lehre ebenfalls gerade in den *libris ad edictum* behandelt hat.

nicht klagweise eingeforderten Theil wird also richterliche Cognition nicht begehrt, damit über seine eigene Exequirbarkeit, sondern lediglich dazu, dass über die Exequirbarkeit des anderen Theiles entschieden werde. Solche *in litem deductio* und solche Cognition vermögen keine Consumtion herbeizuführen.

In dem Falle aber, der meines Erachtens für die Anwendung der *actio cum compensatione* die Regel bildete, nämlich dann, wenn die Hauptforderung bereits durch *confessio in jure* feststand, wird von dem *judex* bezüglich ihrer überhaupt keinerlei Cognition mehr begehrt; dann ist also für die Consumtion des nicht eingeklagten Theiles noch weniger Raum.

II. Versagt aber die Consumtion zu der Tilgung der *concurrentes quantitates* ihre Hülfe, so vermag ich schlechterdings nicht zu entdecken, wodurch sonst diese Tilgung in dem von der herrschenden Meinung angenommenen Verfahren herbeigeführt werden soll; es ist in demselben meines Erachtens kein einziger Vorgang enthalten, der dazu im Stande wäre. Brinz, der ja ebenfalls die Aufhebung durch Consumtion leugnet, sagt: die *formula* compensire; wie er sich diesen Vollzug der Aufhebung positiv denkt, darüber habe ich aus seiner Schrift Klarheit zu gewinnen nicht vermocht.

Im Hinblick auf die bisher erörterten Unzuträglichkeiten und Mängel kann es nicht zweifelhaft sein, dass die herrschende Meinung über das Wesen der *actio cum compensatione* eine irrige ist.

§ 18. Die *actio cum compensatione:* Eigene Ansicht.

Ich denke mir das Verfahren bei der *actio cum compensatione* als vertragsmässige Compensation, und zwar folgendermaassen:

Setzte Beklagter dem *argentarius* ein Compensationsbegehren entgegen, so gab der Prätor dem Letzteren auf, zu dem Betrage, den er anerkennen wolle, vertragsmässig zu compensiren, — dasjenige aber, was er nach Vollzug dieser Compensation noch beanspruche, in der bekannten Saldoform einzuklagen. Darauf folgt nun in dem Falle, wo Kläger jede Compensation weigert, sofort die Einklagung des Ganzen in Saldoform. Ist Kläger aber ganz oder theilweise zur Compensation geneigt, so erfolgt zunächst der Abschluss eines Compensationsvertrages, und zwar über die Summe, zu deren Compensation sich Kläger auf jenen prätorischen Befehl hin bereit erklärte, und erst alsdann die Einklagung des Restes in Saldoform.

Der Abschluss dieses Compensationsvertrages geschah — um dies excursweise zu berühren — jedenfalls durch formloses *pactum* — die vertragsmässige Compensation konnte allgemein so abgeschlossen werden (cf. EISELE p. 246); — und zwar markirte sich für die Regel dies *pactum* wohl gar nicht äusserlich; sein Abschluss ging vielmehr lediglich aus concludenten Handlungen hervor. Die Offerte zu diesem *pactum* ist nämlich meines Erachtens aus dem Compensationsantrag des Beklagten zu entnehmen, und zwar ist in diesem nicht allein die Offerte, bezüglich der ganzen Gegenforderung einen Compensationsvertrag abzuschliessen, zu finden, sondern auch das Anerbieten, wenn Kläger Jenes nicht wolle, auf eine beliebig geringere Summe zu compensiren und bezüglich des Restes die richterliche Entscheidung anzurufen; konnte ein Eingehen des Klägers auf eine solche Offerte letzterer Art dem Beklagten, der der Rechtsbeständigkeit und Compensabilität seiner Gegenforderung in ganzer Grösse sicher war, doch lediglich beim Ausgang des Prozesses Vortheil bringen! — Ob und welches Accept vorliegt, erhellt aber aus der Differenz zwischen der ursprünglich vom Kläger geltend gemachten Forderung und dem nach Erlass des prätorischen Befehls eingeklagten Saldo; der Betrag dieser Differenz ist compensirt.

Nur in einem Fall bedarf es von Seiten des Klägers einer ausdrücklichen Erklärung. Wenn nämlich der Beklagte einem Theil der Hauptforderung einen Compensationseinwand entgegensetzt, einem anderen Theil derselben aber überhaupt die Existenz bestreitet, und nun Kläger auf jenen prätorischen Befehl hin den Saldo geringer ansetzt, als sein ursprünglicher Anspruch sich belief, — so muss er ausdrücklich erklären, ob er den Abzug *compensando*, oder auf den seiner Existenz nach bestrittenen Theil mache; sonst ist nicht erkennbar, ob und wieviel compensirt ist.

In judicio stellte demnächst der Richter genau fest, ob Kläger Alles compensirt hatte, was er zu compensiren schuldig war. War richtig compensirt, so wurde Beklagter auf den Saldo condemnirt. Hatte Kläger aber nicht Alles compensirt, sondern den Saldo zu hoch berechnet, so erfolgte die Abweisung bezüglich des Eingeklagten wegen *plus petitio.* Die Gegenforderung bleibt, soweit sie nicht vertragsmässig compensirt ist, bestehen und kann später anderweit ungehindert geltend gemacht werden. Die Hauptforderung aber ist consumirt, soweit sie eingeklagt war.

Hier erhebt sich nun noch eine wichtige Frage, deren excursweise Erörterung sich ebenfalls vernothwendigt: Was nämlich gilt bei der *actio cum compensatione* als klagweise eingefordert? Die Quellen geben uns keinerlei bestimmten Aufschluss darüber. Gajus sagt ganz allgemein nur: *rem perdit.* Die herrschende Meinung glaubt: der Ueberschuss der Klagforderung über die Gegenforderung, so dass der abgewiesene Kläger also nur diesen verlieren würde. Ich meine dagegen: die ganze Summe, die Kläger, unter der Bezeichnung als Saldo, einklagt. Mich bewegt zu dieser Abweichung folgende Betrachtung:

Dernburg hat gewiss Recht mit der Aufstellung, die *actio cum compensatione* habe vor Allem den Zweck gehabt, die *argentarii,* eine etwas anrüchige Sorte von Geschäftsleuten, zu reeller Abwickelung ihrer Contocurrentverhältnisse in energischer Weise zu zwingen.

Diesen Zweck aber würde sie bei der Annahme der herrschenden Meinung schlecht erfüllen. Denn sie würde dann zwar den *argentarius,* der geringe Gegenforderungen ignorirt, empfindlich strafen, denjenigen aber, der hohe Guthaben seines Schuldners bestreitet, viel milder treffen, und zwar um so milder, je grösser die Gegenforderungen sind. Hat der *argentarius* 100, sein Gegner 1 zu fordern, und jener klagt 100 als Saldo ein, so verliert er 99; kommen dagegen dem *argentarius* 100 und dem Gegner 99 zu, und ersterer klagt doch einen Saldo von 100 ein, so verliert er nur 1. Nehmen wir auch hinzu, dass er in beiden Fällen die *poena restipulationis* einbüsst, so würde doch auch so das Resultat noch ein gar zu ungleiches sein: im ersten Fall verlöre er $99 + 33^1/_3$, im zweiten $1 + 33^1/_3$. Das frivole Bestreiten hoher Gegenforderungen würde durch solches Verfahren förmlich prämiirt.

Folgt man dagegen meiner Auffassung, so setzt das Verfahren solchen Insolenzen einen nachdrücklichen Dämpfer auf. Der *argentarius* verliert hier im ersten wie im zweiten Falle $100 + 33^1/_3$, da ja der ganze als Saldo eingeklagte Betrag ihm abgesprochen und consumirt wird. Auch wird so der Verlust nicht, wie dies bei der Annahme der herrschenden Meinung eintritt, mit dem Wachsen der Insolenz geringer.

Man wird mir zugeben, dass der Wortlaut des Gajus der soeben entwickelten Auffassung von der *actio cum compensatione* durchaus günstig ist. Besonders weisen meines Erachtens auf dieselbe hin das *statim ab initio compensatione facta minus intendat* im § 64 und das *si facta compensatione plus nummo uno intendat* im § 68, woraus erhellt, dass der Compensationsakt dem *intendere* vorherzugehen hat, und dass nicht der Richter oder Prätor, sondern die Parteien ihn vornehmen.

Schildert uns aber Gajus in der *actio cum compensatione* dieses

Verfahren, so wird die quellenmässig überlieferte Bedeutung des Wortes *compensatio* gewahrt, — es entrollt sich uns ferner in dem Gajischen Text ein ebenso klares wie vollständiges Bild der Argentariercompensation, — und wir sehen das römische Recht von dem Vorwurfe gereinigt, ein Rechtsinstitut geschaffen zu haben, welches zur Erreichung des ihm gesteckten Zieles unfähig war; denn die *actio cum compensatione* in unserer Auffassung arbeitete für die besonderen Verhältnisse des Geschäftsverkehrs mit den Argentariern durchaus zweckentsprechend.

Im Hinblick auf diese Ergebnisse kann es meines Erachtens nicht zweifelhaft sein, dass wir in der *actio cum compensatione* ein Verfahren nicht mit gerichtlicher, sondern mit vertragsmässiger Compensation vor uns haben.

§ 19. Die *actio cum deductione.* Das Verfahren bei der *rei vindicatio.* Gesammtergebnisse.

I. Ueber die *actio cum deductione* ist uns durch Gajus IV. 65 ff. Folgendes überliefert: § 65: . . . *bonorum emtor cum deductione agere jubetur, id est, ut in hoc solum adversarius ejus condemnetur, quod superest deducto eo, quod invicem ei bonorum emtor defraudatoris nomine debet.* § 66: . . . *in deductionem autem vocatur et quod non est ejusdem generis; itaque si pecuniam petat bonorum emtor, et invicem vero frumentum aut vinum is debeat, deducta ea re, quanti id erit, in reliquum experitur.* § 68: . . . *deductio* . . . *ad condemnationem ponitur, quo loco plus petendi periculum non intervenit; utique bonorum emtore agente, qui licet de certa pecunia agat, incerti tamen condemnationem concipit.*

Wiewohl uns hierdurch nur spärliches Material zugeführt ist, lassen sich daraus die Grundrisse der prozessualen Gestaltung doch ziemlich deutlich erkennen. Als Zwangsmittel fungirte jedenfalls der, materiell durch die Behauptung von Gegenforderungen motivirte Antrag, den Kläger nur zur *formula cum deductione* zu verstatten. Darauf hin wurde der Kläger — wohl durch Denegation der *actio pura* — angehalten, jene *formula* zu begehren. Das Wesen derselben bestand darin, dass sie einen Zusatz zur *condemnatio* enthielt — die *deductio* —, wonach der *judex* angewiesen wurde, die Gegenforderung zu prüfen und eventuell ihren Werth bei der *condemnatio* zu deduciren. War die *formula cum deductione* instruirt, so erfolgte dann *in judicio* ein entsprechendes Verfahren mit gerichtlicher Compensation.

Bis hierher stimmt meine Schilderung mit der *communis opinio* überein (cf. Eisele p. 46 ff.). Bezüglich des Tilgungsvorganges weiche ich aber ab. Die herrschende Meinung nimmt, wie bei der *actio cum compensatione,* die Dienste der Consumtion in Anspruch, indem sie die Thätigkeit des *judex* auf Untersuchung und mechanische Abrechnung der Gegenforderungen beschränkt. Ich behaupte, meiner oben entwickelten Anschauung gemäss, dass bei dieser Begrenzung der richterlichen Thätigkeit eine Tilgung der Gegenforderung weder durch Consumtion noch sonstwie erfolgen kann, — und bin der Ansicht, dass als tilgender Akt hier geradeso wie im *bonae fidei judicium* vielmehr zu denken ist ein richterliches Aufhebungsdecret, dass also die *deductio* des Richters nicht eine blosse Rechnungs-, sondern eine Aufhebungsthätigkeit ist. Das ist meines Erachtens die einzig übrig bleibende, zugleich aber auch eine den Verhältnissen sehr entsprechende Annahme.

II. Es erübrigen nun noch einige Worte über das Verfahren der l. 38 R. V. von Celsus, l. 3 Digest. *In fundo alieno, quem imprudens emeras, aedificasti aut conseruisti, deinde evincitur; bonus judex varie ex personis causisque constituet. Finge et dominum eadem facturum fuisse; reddat impensam, ut fundum recipiat, usque eo duntaxat, quo pretiosior factus est, et si plus pretio fundi accessit, solum, quod impensum est. Finge pauperem, qui, si reddere id cogatur, laribus sepulcrisque avitis carendum habeat; sufficit tibi permitti tollere ex his rebus, quae possis, dum ita, ne deterior sit fundus, quam si initio non foret aedificatum. Constituimus vero, ut, si paratus est dominus tantum dare, quantum habiturus esset possessor, his rebus ablatis, fiat ei potestas. Neque malitiis indulgendum est, si tectorium puta, quod induxeris, picturasque corradere velis, nihil laturus, nisi ut officias. Finge eam personam esse domini, quae receptum fundum mox venditura sit; nisi reddat, quantum prima parte reddi oportere diximus, eo deducto, tu condemnandus es.*

Aus dem Schlusssatz dieser Stelle geht hervor, dass in einem bestimmten Falle Impensenansprüche gegenüber der *rei vindicatio* nicht mittelst Retention, sondern mittelst Compensation zum Zuge kommen sollen.

Ueber die Einleitung dieses Verfahrens ist soviel sicher, dass es der Inserirung einer *exceptio doli* bedarf, damit es überhaupt stattfinde; denn ohne die Aufnahme dieser *exceptio* in die *formula* ist jedwede Berücksichtigung der Impensenansprüche ausgeschlossen (cf. Eisele p. 82). Eine andere Frage ist, ob die *exceptio doli* für das Verfahren auch in Bezug auf seine specielle Gestaltung direct als die *causa efficiens* betrachtet werden muss, oder ob ihre Natur vielmehr dieser Gestaltung widerstrebt und dieselbe einer selbstständigen, die Kraft der *exceptio doli* überwindenden Wirksamkeit des *officium judicis* ihr

Dasein verdankt. Diese Frage ist aber hier nicht direct von Wichtigkeit und wird passender in einem anderen Zusammenhange (unten Abschnitt III.) erörtert werden. — Das Verfahren *in judicio* gestaltet sich dem im *bonae fidei judicium* und bei der *actio cum deductione* üblichen ganz analog: der Richter prüft Bestand und Umfang der Gegenforderung, schätzt sodann die vindicirte Sache den Umständen entsprechend ab, deducirt von dem festgestellten Werthe die Gegenforderung und condemnirt den Beklagten in den Rest. Der Tilgungsakt ist hier, aus den gleichen Gründen wie bei den beiden anderen Verfahren mit gerichtlicher Compensation, das richterliche Aufhebungsdecret.

III. Ueberblicken wir die in den §§ 16—19 gewonnenen Ergebnisse, so sehen wir, dass das römische Recht vor Marc Aurel zur Verwirklichung des Compensationsrechtes fast ausschliesslich Verfahren mit gerichtlicher Compensation geschaffen hat. Nur ein Verfahren mit vertragsmässiger Compensation begegnet uns; aber dies eigenthümliche Rechtsinstitut, welches in seiner rigorosen Strenge und Rücksichtslosigkeit gegen den Kläger weit eher den Namen eines Strafverfahrens wegen verweigerter Compensation als den eines Compensationsverfahrens verdient, ist, wie wir schon oben andeuteten, speciellen socialpolitischen Interessen entsprungen. Diejenigen Compensationsmodi, welche dem allgemeinen Rechtsverkehr zu dienen bestimmt sind, bezielen und bewirken sämmtlich gerichtliche Compensation.

Diese letzteren Verfahren sind ferner auch im Detail völlig gleichartig entwickelt. Nur die einleitenden Acte, das Stadium *in jure*, weisen Verschiedenheiten auf; *in judicio* dagegen gestaltet sich der Verlauf in allen wesentlichen Theilen ganz einheitlich: zuerst erfolgt die Cognition über die Gegenforderungen, alsdann auf Grund jener das richterliche Compensationsdecret.

Mit diesen Forschungsresultaten bereichert, wollen wir uns nun in den beiden folgenden Abschnitten den speciellen Erörterungen über das prozessuale Wesen des seit Marc Aurel im *stricti juris judicium* aufgekommenen Verfahrens zuwenden.

II. Das seit Marc Aurel im stricti juris judicium aufgekommene Verfahren war ein Verfahren mit exceptio doli.

1. Positive Beweisgründe.

§ 20. Was zunächst den Charakter des seit dem Rescript Marc Aurel's im *stricti juris judicium* eingebürgerten Compensationsverfahrens im Allgemeinen betrifft, so berichten uns der § 30 I. cit. und Theophilus ad h. l. übereinstimmend, dass es ein Verfahren mit *exceptio doli* war.

Auch in diesem Punkte ist der Bericht wahrheitsgetreu.

Dass die *exceptio doli* im *stricti juris judicium* zur Realisirung des Compensationsrechts verwandt wurde, ist schon desshalb naheliegend, weil wir sie bei der *rei vindicatio* mit derselben Funktion betraut sehen, und weil sie ja auch die Geltendmachung des dem Compensationsrecht so nahe verwandten Retentionsrechts vermittelte.

Es ist uns aber im *corpus juris* auch eine Stelle erhalten, welche klar bezeugt, dass seit der Zeit Marc Aurel's compensable Gegenforderungen gegenüber einer *stricti juris actio* mittelst *exceptio doli* berücksichtigt wurden.

Ich meine die schon mehrfach erwähnte l. 43 pr. 13, 7 (pign. act.) von Scaevola aus seinem lib. 5 Digest.: *locum purum pignori creditori obligavit eique instrumentum emtionis tradidit: et cum eum locum inaedificare vellet, mota sibi controversia a vicino de latitudine, quod alias probare non poterat, petit a creditore, ut instrumentum a se traditum auctoritatis exhiberet; quo non exhibente minorem locum aedificavit atque ita damnum passus est. quaesitum est, an, si creditor pecuniam petat vel pignus vindicet, doli exceptione posita judex hujus damni rationem habere debeat. respondit, si operam non dedisset, ut instrumenti facultate subducta debitor caperetur, posse debitorem pecunia soluta pigneraticia agere: opera autem in eo data tunc et ante pecuniam solutam in id quod interest cum creditore agi.*

Der Thatbestand der Stelle ist folgender. Einem Pfandschuldner ist ein (Vermögens-) Schade dadurch erwachsen, dass der Pfandgläubiger eine ihm bei der Verpfändung mit übergebene, die Dimensionen des verpfändeten Grundstücks näher bezeichnende Urkunde schuldvoller Weise nicht edirt hat. (Schuld des Pfandgläubigers wird natürlich vorausgesetzt; sonst könnte von einem Ersatzanspruch nicht die Rede sein.)

Der Jurist fragt nun: wenn der Pfandgläubiger unter diesen Umständen mit der Forderungsklage oder der *actio hypothecaria* vorgeht, kann dann der Pfandschuldner jenen Schaden durch Vermittelung der *exceptio doli* ersetzt erhalten? Und er respondirt mit folgender Unterscheidung: wenn der Schade nur culpos angerichtet ist *(si operam non dedisset)*, dann hat Schuldner zur Zeit der Klage noch gar kein realisirbares Forderungsrecht (denn die culpose Vermögensbeschädigung an sich begründet ein solches nicht), sondern er hat dann erst, wenn *pecunia soluta est*, ein Recht auf Schadensersatz, nach den Grundsätzen des Pfandcontractes, welche die *actio pigneraticia directa* erst mit diesem

Moment entstehen lassen; trifft den Gläubiger aber bezüglich des Schadens ein *dolus (opera data),* dann hat der Schuldner gegen ihn *et ante pecuniam solutam* sofort ein fälliges Forderungsrecht auf des Interesse, nämlich die Deliktsforderung, die *actio doli.* Die Schlussfolgerung, dass daher im ersten Falle dem Schuldner ein die *exceptio doli* erfüllender Thatbestand zur Seite stehe, im zweiten aber nicht, spricht Scaevola, als selbstverständlich, nicht mehr aus.

Nur in diesem Sinne kann meines Erachtens der letzte Theil dieser Stelle ausgelegt werden. Wenn bisher meines Wissens noch Niemand ihn in dieser Weise verstanden hat, sondern dem Fragment bald gänzliche Unklarheit vorgeworfen wird (so Eisele p. 78), bald dagegen behauptet wird, es beantworte die gestellte Frage nur indirect (so Dernburg p. 232), so hat das, nächst jener Auslassung Scaevola's, meines Erachtens vor Allem verschuldet der von unseren Interpreten so oft begangene Fehler, prozessuale römische Ausdrücke nothwendig prozessual technisch deuten zu wollen, und nicht zu bedenken, dass die Römer so oft, wo sie sich prozessual ausdrücken, nur einen materiellrechtlichen Satz aussprechen wollen. Hätte man hier nicht dabei verharrt, das *agere*, *agi posse* des Responsum vom Klagenkönnen zu verstehen, sondern in ihm nur den materiellrechtlichen Ausspruch gefunden, ein Forderungsrecht sei zuständig, — wozu doch im *corpus juris* genug Analogien auffordern —, so würde man sicher bereits längst auf die obige Interpretation gekommen sein; sie ergiebt sich meines Erachtens dann ganz von selbst.

In diesem Sinne verstanden, enthält nun das Fragment mit klaren Worten den Satz, dass gegen die *actio stricti juris* (hier speciell wohl die *condictio ex mutuo, cf. „si pecuniam petat")* beim Vorhandensein einer gleichartigen fälligen Gegenforderung die *exceptio doli* gegeben und dadurch der *judex* in den Stand gesetzt wird, die Gegenforderung zu berücksichtigen.

Dass die *exceptio doli* hier nun auch wirklich zu Compensationszwecken dient, ist zwar aus dem Wortlaute der Stelle nicht mit gleicher Augenfälligkeit zu ersehen; indessen deutet einmal das *an doli exceptione posita judex hujus damni rationem habere debeat* in kaum misszuverstehender Weise darauf hin; — sodann aber ist diese Annahme die einzige, welche der Sachlage wie auch dem die *exceptio doli* beherrschenden Princip der Billigkeit entspricht; — und ihre Richtigkeit geht ferner daraus hervor, dass ein (erst im Abschnitt III. zu erörterndes) Fragment aus nur wenig späterer Zeit, die l. 8 § 1 *ratam rem,* diese Verwendung der *exceptio doli* zu Compensationszwecken mit Sicherheit bekundet.

Ausser der l. 43 pr. cit. sind uns Nachrichten aus der Zeit Marc Aurel's über das fragliche Verfahren leider nicht erhalten. Dieser Umstand darf uns aber nicht stutzig machen.

Denn einmal ist für die ganze Compensationslehre das Quellenmaterial nur höchst spärlich auf uns gekommen; sodann aber ist es, wenn auch mit den vorhandenen Mitteln nicht unzweifelhaft beweisbar, so doch ganz ausserordentlich wahrscheinlich, dass die justinianische *ipso jure compensatio* sich mit der *compensatio* durch *exceptio doli* nicht vertrug und desshalb alle Spuren der letzteren in der Compilation ausgemerzt sind. Die l. 43 pr. cit., sowie die wenigen Stellen aus etwas späterer Zeit, welche noch Andeutungen auf das alte Verfahren enthalten, verdanken ihre Aufnahme jedenfalls lediglich dem Umstande, dass im Texte nicht die Worte *compensatio* und *exceptio doli* zusammen vorkamen, und dass die betreffenden Compilatoren bei der etwas verwickelten Sachlage, resp. durch die Sprachweise der Juristen getäuscht, den wahren Inhalt nicht erkannten.

2. Die gegentheiligen Aufstellungen von Brinz, Scheurl, Eisele sind unhaltbar.

a) Aus sachlichen Gründen.

§ 21. Um dann endlich dem Zweifel an der historischen Treue der Institutionen und des Theophilus die letzte Grundlage zu entziehen, wollen wir jetzt beweisen, dass die positiven Aufstellungen der Gegner (Brinz, Scheurl, Eisele) völlig in der Luft stehen. Ich werde zu diesem Zweck zunächst die inneren Gegengründe bei jeder einzelnen Auffassung gesondert erörtern, und zuletzt nachweisen, dass jene Compensationsmodi auch den Quellen durchaus unbekannt sind.

Beginnen wir mit der Betrachtung des Brinz'schen Verfahrens (p. 9).

Dasselbe ist zunächst gar nicht, wie es beansprucht, eine Verallgemeinerung der *actio cum compensatione*, sondern von dieser grundverschieden. Ich glaube oben (Abschnitt I.) überzeugend dargethan zu haben, dass die *actio cum compensatione* ein Verfahren mit vertragsmässiger Compensation ist, während Brinz eine gerichtliche Compensation anstrebt. Die Brinz'sche Aufstellung hat also die beanspruchte historische Grundlage nicht.

Das Brinz'sche Verfahren, das ja in seinem Verlaufe der von Brinz vertheidigten ursprünglichen *actio cum compensatione* völlig gleicht, ist ferner gänzlich unpraktisch.

Wie die Ausführungen im § 17 ergeben, vermag es *inprimis* seine eigentliche, wesentliche Aufgabe, die Tilgung der *concurrentes quantitates,* nicht zu erfüllen. Damit ist der Stab schon über ihm gebrochen. Zum Ueberfluss will ich aber noch auf folgende fernere Bedenken hinweisen.

Ein für allgemeine Anwendung bestimmtes Compensationsverfahren muss, um als praktisch gelten zu können, in möglichst einfacher und billigkeitsgemässer Weise arbeiten.

Ein Verfahren mit gerichtlicher Compensation hat ferner zwar nach meiner Ansicht seine Aufgabe völlig erfüllt, sobald es die *concurrentes quantitates* getilgt hat. Es hat nur diese Aufgabe. Die Verfügung über einen etwaigen Ueberschuss des Klägers ist nicht mehr Sache der gerichtlichen Compensation, sondern bleibt anderweiter richterlicher Thätigkeit anheimgestellt. Für die Möglichkeit eines Verfahrens mit gerichtlicher Compensation hängt auch nichts davon ab, wie jene anderweite richterliche Thätigkeit ausfällt, ob der *judex* bezüglich des Ueberschusses condemnirt oder absolvirt; gerichtliche Compensation ist stets möglich, sobald dem *judex* die Macht innewohnt, die *concurrentes quantitates* irgendwie zu elidiren, — und sie ist auch nur dann möglich. Dass die Verfügung über den Rest eine billigkeitsgemässe sei, dass der *judex* also befähigt sei, den Beklagten auf den Ueberschuss zu condemniren, auch wo Kläger die Compensation weigerte, ist nicht, wie Dernburg will, ein weiteres nothwendiges Erforderniss für die Möglichkeit eines Verfahrens mit gerichtlicher Compensation, sondern ein hierfür ganz gleichgültiger Umstand.

Ist nun aber die gerichtliche Compensation von der Verfügungsart über den Rest gänzlich unabhängig, so muss man umgekehrt auch an ein praktisches gerichtliches Compensationsverfahren die Anforderung stellen, dass es durch seine Construction den Richter nicht hindere, über den etwaigen Rest in sachgemässer billiger Weise zu verfügen.

Diesen Erfordernissen der Einfachheit und Billigkeit entspricht ganz besonders das Compensationsverfahren des *bonae fidei judicium* vollkommen. Sein promptes, einfaches Functioniren haben wir schon im § 16 genügend dargelegt; hier sei noch hervorgehoben, dass der *judex* an billigkeitsgemässer Verfügung über den etwaigen Ueberschuss des Klägers in keiner Weise durch seine auf die Compensation bezügliche Thätigkeit gehindert wird, auch nicht, wenn Kläger bis zuletzt die demnächst begründet befundene Compensationsbefugniss bestritten hat.

Man sollte glauben, die römische Jurisprudenz würde dies Beispiel im *stricti juris judicium* möglichst nachzuahmen gesucht haben; führte sie aber das von Brinz angenommene Verfahren ein, so hat sie sich vielmehr in unvortheilhafter Weise sehr fern von solcher Nachahmung gehalten.

In dem Brinz'schen Verfahren wird der Kläger gezwungen, sich schon vor der Abfassung der *formula,* also noch im einleitenden Stadium des Prozesses, endgültig und in einer ihm schwer präjudicirenden Weise über das Compensationsvorbringen zu erklären: eine Maassnahme, die gegen sein berechtigtes Interesse in arger Weise verstösst. — Und dann, für den Fall, dass Kläger die zur Compensation verstellte Forderung ganz oder auch nur zum Theil unbegründet bestritt, zwingt das Verfahren, vermöge der eigenthümlichen, ihm durch die *formula* gegebenen Construction, den *judex,* zugleich den etwaigen Ueberschuss[1] dem Kläger in durchaus unbilliger Weise abzusprechen, mochte der Umfang des zu Unrecht Bestrittenen auch noch so geringfügig und das Bestreiten selbst noch so entschuldbar, mochte der wirkliche Ueberschuss auch noch so bedeutend sein.[2]

Solche Behandlung des Klägers mochte Leuten wie den *argentarii* gegenüber zweckmässig erscheinen; aber schwerlich wird die Jurisprudenz des zweiten Jahrhunderts der Kaiserzeit, das überall so ausgesprochenermaassen sein Rechtsleben nach den Grundsätzen der *aequitas* auszubilden bemüht war, — derartige Normen einem zu allgemeiner Anwendung bestimmten Compensationsverfahren zu Grunde gelegt haben. —

Gegen Scheurl (cf. p. 9. 10) fällt zunächst ins Gewicht, dass die von ihm angenommene Einleitung des Verfahrens durch eine bloss opponirte, nicht inserirte *exceptio doli* — durch die er sich mit § 30 I. cit. abfinden will — mit den Grundsätzen des römischen Rechts durchaus unvereinbar ist. Nach Allem, was die Forschung über die Natur der *exceptio* bis jetzt ergeben hat, kann das *opponere exceptionem,* — d. h. also das blosse Vorbringen eines Thatbestandes *in jure* mit der Begründung, dass er den Thatbestand einer bestimmten *exceptio* ausfülle und mit dem Antrage diese *exceptio* zu ertheilen, — niemals eine weitere Wirkung *in jure* haben, als den Prätor zur Ertheilung resp. Versagung der *exceptio* resp. — wenn der behauptete Thatbestand den Rahmen der geforderten *exceptio* ausfüllte und zugleich liquide gestellt war, — zur *denegatio actionis* wegen augenscheinlicher zeitiger

[1] Nach unserer Auffassung sogar noch mehr (cf. p. 57. 58).

[2] Ueber die Consequenzen der Brinz'schen Annahme, dass gerade der Ueberschuss verloren geht, cf. dann noch p. 58.

oder gänzlicher Unzuständigkeit des Anspruchs zu veranlassen. Dass der Prätor auf die Opponirung einer *exceptio* hin, ohne deren Liquidestellung zu fordern, den Kläger durch das Präjudiz der *denegatio actionis* in der von SCHEURL behaupteten Weise zur Wahl einer besonderen Klagform gezwungen haben sollte, ist eine Aufstellung, die weder aus den Quellen zu erweisen, noch aus den obigen Funktionen der *oppositio exceptionis* herleitbar ist.

Bezüglich des weiteren Verfahrens gilt dann, soweit es ein *agere cum compensatione* sein soll, das oben gegen BRINZ Gesagte; soweit SCHEURL dagegen eine Nachbildung der *actio cum deductione* annimmt, würden seinen Aufstellungen ähnliche Bedenken nicht entgegenstehen, vorausgesetzt, dass er die Tilgung nicht, wie EISELE, durch die Consumtion bewirken lassen will; dann würde auch hier wieder das Verfahren den Dienst versagen.

Aber dies letztere Verfahren greift nach SCHEURL ja nur zum Theil, und wie mir nach den von ihm erforderten Voraussetzungen scheinen will, nur in der Minderzahl der Fälle Platz; die grosse Masse wird jener sogenannten *actio cum compensatione* bleiben.

Die Einführung eines doppelten Compensationsmodus für das *stricti juris judicium* stimmt ferner schlecht zu dem Streben jener Zeit nach Einfachheit der Rechtsentwickelung. —

In Bezug auf die Behauptungen EISELE's (p. 10) ist zunächst ebenfalls die Unverträglichkeit der Einleitung des Verfahrens mit den Grundsätzen des römischen Exceptionenrechts, sowie der daraus resultirende Mangel eines wirksamen Zwangsmittels zur Herbeiführung der Compensation hervorzuheben.

EISELE behauptet, wie wir oben sahen, als Einleitungsakt, wie SCHEURL, eine blosse *oppositio exceptionis* und bringt dann das Compensationsverfahren dadurch in Gang, dass er dieser bloss opponirten *exceptio* die Wirkung beilegt, den *judex* auch für den Fall, wo Kläger sich auf keine Compensation einlassen will und mit *formula pura* klagt, zur Berücksichtigung der Gegenforderung, und zwar nach den Grundsätzen der *actio cum compensatione,* zu befähigen (cf. das Nähere p. 10). EISELE (p. 111) verwahrt sich zwar gegen die Annahme, dass er die opponirte *exceptio* mit dieser Wirkung ausrüste; aber das ist meines Erachtens, nach seinen weiteren Ausführungen auf derselben Seite, eine *protestatio facto contraria.* Wenn er sagt: nicht die opponirte *exceptio* machte dem *judex* die *admissio compensationis* möglich, — diese Macht empfing er vielmehr direct aus dem Rescript Marc Aurel's, unter der einzigen Bedingung, dass Beklagter *in jure exceptio doli* opponirt hatte: — so vermag ich der Sache nach darin kein anderes

Resultat zu finden, als dass auf Grund der Bestimmung des Rescripts eben die *oppositio exceptionis* das directe Mittel wurde, durch das der *judex* die Compensationsbefugniss erhielt.

Eine bloss *in jure* opponirte *exceptio* kann nun aber nicht das prozessuale Mittel sein, durch das der *judex* in den Stand gesetzt wird, die eigenthümlichen Grundsätze der sogenannten *actio cum compensatione* für den Fall anzuwenden, dass ohne *formula cum compensatione* mit *actio pura* geklagt ist. Nach Allem, was wir wissen, kann die *oppositio exceptionis* für sich allein nur Wirkungen auf das Verfahren *in jure*, und zwar nur die oben angegebenen, haben, und niemals irgend eine prozessuale Wirkung für das *judicium*; es ist auch, trotz der Allmacht der Kaiser auf dem Gebiet der Gesetzgebung, nicht glaublich, dass ein Rescript des zweiten Jahrhunderts solche Abnormität, durch die ein Fundamentalsatz des Formularprozesses aus den Angeln gehoben worden wäre, neu geschaffen haben sollte; zu solcher Annahme bedürfte es erst specieller Beweise, und diese sind nicht zu liefern. Für das *judicium* Wirkungen zu äussern, vermag vielmehr lediglich die inserirte *exceptio*, der fertig in die Formel aufgenommene Ausnahmebefehl. Wie soll der *judex* auch überhaupt Kenntniss von der nur opponirten *exceptio* erhalten?

Wenn die *oppositio exceptionis* aber die im Vorigen erörterte Wirkung nicht herbeizuführen vermag, so fehlt (nach Eisele's eigenen Ausführungen p. 108 ff.) überhaupt die Möglichkeit, sein Compensationsverfahren wider Willen des Klägers einzuleiten.

Das weitere Verfahren, soweit es ein *agere cum compensatione* resp. *cum deductione* sein soll, ist bereits oben erörtert. Jener dritte Modus aber, den die *oppositio exceptionis*, kraft des Rescriptes, direct soll erzwingen können, — führt zwar zu der an sich durchaus annehmbaren Compensation der *concurrentes quantitates* durch richterlichen Spruch (Eisele p. 385), — theilt aber sonst alle oben betrachteten Mängel des sogenannten *agere cum compensatione*, verhindert insbesondere ebenfalls direct die billigkeitsgemässe Verfügung über den Saldo in dem Fall, wo Kläger zu viel eingefordert hat.

Eigenthümlich berührt es ferner, dass, wenn Kläger unterliegt, die Folge der *exceptio* nicht etwa ein *exceptione summoveri*, sondern ein *plus petendo causa cadere* ist[1], und besonders, dass letzteres in jenem dritten Compensationsmodus doch jedenfalls direct durch die *oppositio exceptionis* veranlasst wird.

Endlich stimmt dies buntscheckige Compensationsverfahren noch

[1] Dies gilt übrigens auch gegen Scheurl.

weniger wie die SCHEURL'sche Aufstellung zu dem bereits hervorgehobenen Streben nach Einfachheit in der Rechtsentwickelung.

b. Die Aufstellungen der Gegner sind unhaltbar auch desshalb, weil sie in den Quellen nicht bezeugt sind.

§ 22. Betrachten wir nun die von den Gegnern für ihre Ansichten ins Feld geführten Quellenzeugnisse.

Gegenüber dem bestimmten Bericht der Institutionen und des Theophilus, — eingedenk ferner der durch Scaevola bezeugten Thatsache, — sowie endlich Angesichts des wenig vertrauenswürdigen Eindrucks, den die gegnerischen Compensationsmodi ihrem inneren Werthe nach machen, — kann ich den Beweis, dass dennoch einer oder der andere von ihnen existirt habe, durch Quellenzeugnisse nur dann geführt erachten, wenn diese Zeugnisse solches *factum* unmittelbar in der Wortfassung, in welcher sie uns überliefert sind, klar und mit Nothwendigkeit aussprechen; jeder Beweis dagegen, der nur dadurch geführt werden kann, dass man den Worten jener Fragmente Bedeutungen unterlegt, die sie nicht nothwendig haben müssen, sondern nur möglicherweise haben können, ist meines Erachtens unter den hier speciell obwaltenden Umständen ohne Ueberzeugungskraft.

Die Gegner berufen sich auf drei Fragmente von Paulus, nämlich die l. l. 4 und 21 h. t., und den aus dem Breviarium Alaricianum überkommenen § 3 tit. 5 lib. II sententiarum. EISELE (p. 129 ff.) führt ausserdem noch l. 18 § 1 h. t. von Papinian, l. 5 C. h. t. (Alexander 229), l. 46 § 5 jure fisci 49, 14 (Hermogenian), sowie die westgothische Interpretatio zu der Sentenzenstelle an.

In der l. 4 cit. (cf. BRINZ p. 99 ff., EISELE p. 167 ff.) ist nun ein Anklang an jene Compensationsmodi nur dann zu finden, wenn man dem *male peto* des Nachsatzes eine technische Beziehung zum *stricti juris judicium* giebt, es = *plus petendo causa cado* auslegt, — und auch dann durchaus nicht nothwendig, sondern lediglich möglicherweise. Wir haben aber oben (p. 20. 21) bereits umständlich dargelegt, dass diese specielle Beziehung des *male peto* durchaus unthunlich ist, da sie die Stelle des logischen Zusammenhanges beraubt. Unter diesen Umständen muss die l. 4 als gänzlich beweisuntüchtig für die Gegner bezeichnet werden.

Dasselbe gilt von der bereits oben (p. 22) citirten l. 21 h. t. (cf. BRINZ p. 104 ff., EISELE p. 158 ff., SCHEURL p. 165 ff.).

1. Diese Stelle ist schon so, wie sie uns durch die Compilation überliefert ist, für die jetzt in Frage stehenden Gegner unverwerthbar.

Denn sie geht von der Anschauung aus, dass die Forderungen sich mit der Coexistenz von selbst aufheben, dass also überhaupt kein Compensationsverfahren stattfindet.

Dies erhellt einmal, wie wir schon oben (p. 22) sahen, aus den in ihr gebrauchten Wendungen sehr deutlich; unzweifelhaft aber wird es durch den Umstand, dass nur dann, wenn man ihr diese Anschauung vindicirt, die in ihr enthaltene Entscheidung mit den Grundsätzen über die Leistung der *cautio de rato* in Einklang steht.

Die *cautio ratam rem* ist von dem *procurator absentis* allemal dann zu stellen, wenn er über ein dem *dominus* gegen den Gegner zustehendes Recht in einer Weise verfügt, deren Nichtgenehmigung seitens des *dominus* den Gegner in Schaden bringt. Der *procurator* muss also namentlich caviren, wenn er klagt (Gajus IV, 98): *„periculum enim est, ne iterum dominus de eadem re experiatur,“* und dann müsste der Gegner zweimal bezahlen; er muss aber auch caviren, wenn er eine bisher noch intacte Forderung des *dominus* einer Klage des Gegners zur Compensation entgegenstellt (*arg. a contrario* in l. 21 cit.: *non debebit de rato cavere, quia nihil compensat*); denn durch den Prozess wird die Klagforderung des Gegners consumirt, und wenn nun der *dominus* die Compensation nicht genehmigt, so hat der Gegner durch das Vorgehen des *procurator* seine Forderung ohne jeden Entgelt verloren. — Brinz und Eisele behaupten zwar, die Leistung der *cautio de rato* richte sich nicht nach diesem materiellen Princip, sondern nach ganz anderen, rein prozessualen Gesichtspunkten.

Eisele glaubt, der *procurator* müsse nur dann die *cautio* leisten, wenn er sich in der Klägerrolle befinde, nicht auch, wenn er Compensation einredeweise vorschütze. Brinz legt auch dem einredeweise compensirenden *procurator* die *cautio* auf, befreit ihn aber davon für den Fall, dass formell nicht er, sondern der Kläger die *compensatio* veranlasse, wie bei der *actio cum compensatione.*

Aber diese beiden Aufstellungen sind aus den Quellen nicht zu beweisen, und wegen ihrer Folgen unannehmbar; denn durch sie wird die Zuständigkeit der *cautio de rato* zum Spielball prozessualer Zufälligkeiten, und das in einer Art, welche der materiellen Gerechtigkeit gerade ins Gesicht schlägt.

Eisele wird zudem durch das *quia nihil compensat* der l. 21 noch direct widerlegt; wenn er dieser Klippe dadurch zu entgehen sucht, dass er das *compensat* = *cum compensatione agit* fasst und so zugleich in der l. 21 eine Hindeutung auf seinen oben (p. 5. 6. 44) schon näher beschriebenen und kritisirten Compensationsmodus der l. 2 h. t. findet, so muss man diesen Versuch wegen der Unwahrscheinlichkeiten und bedenklichen Consequenzen, die er in sich schliesst, als misslungen bezeichnen. —

Dem oben entwickelten Princip entsprechend, kann der *procurator*, welcher Compensation vorschützt, von der Cautionsleistung nur dann frei sein, wenn er sich auf eine, ohne irgend eine Veranlassung seinerseits bereits geschehene Compensation beruft; sobald er zu dem Vollzuge der Compensation materiell noch irgendwie mitwirkt, muss er caviren.

Die l. 21 setzt nun offenbar voraus, dass, vor der Erhebung des Compensationseinwandes durch den *procurator*, menschliche Thätigkeit zur Durchführung der Compensation noch nicht in Bewegung gesetzt war.

Dennoch entscheidet sie, dass der *procurator* bei dem unterliegenden Sachverhalt nicht zu caviren habe.

Sie muss desshalb von der Anschauung ausgehen, dass die *concurrentes quantitates* sich mit der Coexistenz von selbst aufheben. In allen anderen Fällen würde sie gegen das obige Princip verstossen; selbst auch dann, wenn sie eine Lähmung weitgehendsten Umfanges durch die Coexistenz annähme, denn diese Lähmung tilgt nur die Accessorien der Forderungen; zur Compensation der Capitale wäre nach wie vor eine die Cautionspflicht begründende dispositive Thätigkeit des *procurator* von Nöthen. Nur wenn die Aufhebung der Capitale von selbst eintritt, nimmt der *procurator* mit der Erhebung des Compensationseinwandes eine Disposition solcher Art, welche ihn zur Cautionsstellung verpflichtete, nicht vor.

2. Die l. 21 ist aber auch desshalb für die Gegner nicht benutzbar, weil sie in ihrer uns überkommenen Fassung — wie wir oben (p. 22. 23) sahen — deutlich den Stempel der Interpolation trägt, und ihr ursprünglicher Wortlaut in keiner Weise sicher errathen werden kann. —

Nun zu dem Sentenzenfragment: *compensatio debiti ex pari specie et causa dispari admittitur: velut si pecuniam tibi debeam et tu mihi pecuniam debeas, aut frumentum aut cetera hujusmodi, licet ex diverso contractu, compensare vel deducere debes; si totum petas, plus petendo causa cadis.*

Den Gegnern ist dies ihre feste Burg (cf. Eisele p. 97. 103 ff., Brinz p. 96 ff., Scheurl p. 163 ff.). Alle Drei finden ihre Aufstellungen klar darin bewahrheitet; und sie sind sämmtlich der Ansicht, dass die westgothischen Compilatoren uns die Stelle ungeändert überliefert haben.

1. Ein unbefangener Beobachter wird die erstere Entdeckung

meines Erachtens nicht so leicht machen; und es bedarf denn auch einer grossen Virtuosität in der Ausübung der *ars interpretandi,* bevor die Gegner den Text soweit haben, dass er — wenigstens nach ihrem Dafürhalten — ein Zeugniss für ihre Behauptungen abgiebt. EISELE muss das *compensare* und das *deducere* als technische Bezeichnungen für *cum compensatione* resp. *cum deductione agere* auffassen; SCHEURL, der einsieht, dass für das *agere cum deductione,* nach seiner Theorie, der Schlusssatz *si totum petas* etc. nicht passt, ergreift den Ausweg, nur das *compensare* technisch als *agere cum compensatione,* das *deducere* aber von einer Einklagung des Ueberschusses ohne Saldoformulirung zu verstehen (cf. hiergegen speciell EISELE p. 108—110); BRINZ endlich, der überhaupt keine Verallgemeinerung der *actio cum deductione* annimmt, versteht ebenfalls nur den einen Ausdruck in technischem Sinne als *agere cum compensatione,* merkwürdigerweise aber gerade das *deducere,* während das *compensare debes* von ihm auf das Anrathen vertragsmässiger Compensation bezogen wird.

Diese Interpretationen sind aber sammt und sonders auf nichts weiter als reine Vermuthungen gestützt, aus den Quellen weder bewiesen noch beweisbar; denn nirgends bieten uns diese einen positiven Anhalt dafür, dass die Römer jemals dem *compensare* und *deducere* die obigen prozessual technischen Bedeutungen gegeben haben. Die SCHEURL'sche Auffassung ist zudem in ihrer Behauptung der technischen Beziehung für den einen Ausdruck und Negation derselben für den anderen ganz willkürlich und die BRINZ'sche bez. des *deducere* geradezu gewaltsam. Ich meine, durch solche Mittel wird die Entkräftung des klaren Zeugnisses der für unsere Ansicht sprechenden Stellen wohl nicht gelingen.

Einen positiven Beweis für die Ansichten der Gegner erbringt die Stelle übrigens auch bei jener Auslegung nicht; wenigstens nicht für das von ihnen vertheidigte *agere cum compensatione;* sie würde dann vielmehr von dem wirklichen *agere cum compensatione* berichten, welches nach unseren obigen Ausführungen (p. 56 ff.) jenem in keiner Weise ähnelt. In Wahrheit steht aber in dem Fragment weder das Eine noch das Andere.

2. Die Stelle ist aber ferner interpolirt, und zwar gerade in dem Schlusssatze *si totum petas, plus petendo causa cadis,* ist also auch aus diesem Grunde für die Gruppe BRINZ-SCHEURL-EISELE beweisuntüchtig.

Den Nachweis hierfür wollen wir jedoch aus systematischen Rücksichten erst unten im fünften Kapitel erbringen. Auch unsere eigene Ansicht über die Bedeutung der Ausdrücke *compensare* und *deducere* wird zweckmässig erst weiter unten dargelegt.

Wenden wir uns nun zum Schluss zu den vier noch speciell von Eisele citirten Stellen: l. 18 § 1 h. t. (Papinian. lib. 3 responsorum): *creditor compensare non cogitur quod alii quam debitori suo debet, quamvis creditor ejus pro eo, qui convenitur ob debitum proprium, velit compensare.* l. 46 § 5 jure fisci 49, 14 (Hermogenian, l. 6 juris epitomarum): *ut debitoribus fisci quod fiscus debet compensetur, saepe constitutum est.* Westgothische interpretatio zu Paulus sent. l. II 5. 3: *si quis debeat alicui solidos decem, et illi qui debet, de quacunque ratione debeantur a creditore suo solidi quinque, et veniat creditor, et totos decem solidos a debitore petat, si probaverit ille debitor, sibi ab eo quinque solidos deberi, quare illum in solidum pro totis decem solidis convenit, causam perdit, qui noluit debitum compensare.* l. 5 C. h. t. (Alexander imp. Honoratae, a. 229.) (Den Text cf. oben p. 26.)

Nach Eisele's Ansicht enthalten diese Stellen sämmtlich Anspielungen auf seinen Compensationsmodus; die drei ersten, weil sie den Kläger als die die Compensation vornehmende Partei hinstellten; die letzte wegen ihres Schlusssatzes, wo insonderheit das *amplius* auf die *formula cum compensatione* hinweise.

Sieht man den Text der ersten drei Stellen an, so wird meines Erachtens schon auf den ersten Blick klar, dass die Eisele'schen Aufstellungen hier jedenfalls in das Gebiet der reinen, durch Nichts bewiesenen und durch Nichts beweisbaren Vermuthung gehören. Die beiden ersten Fragmente erörtern in Wahrheit lediglich Fragen des materiellen Compensationsrechts: die l. 18 h. t. hebt das Erforderniss der subjectiven Gegenseitigkeit hervor, und die l. 46 § 5 constatirt das Compensationsrecht der Fiskusschuldner. Die *interpretatio* aber spricht von der prozessualen Folge der unbegründeten Compensationsweigerung. Von sonstigen Aeusserungen über die prozessuale Gestalt des Compensationsverfahrens findet sich in diesen Stellen keine Spur: man müsste denn das *compensare* wieder = *cum compensatione agere* verstehen, wozu schlechterdings Nichts veranlasst. Uebrigens würde für Eisele auch hierdurch Nichts gewonnen sein; cf. die Ausführung oben p. 72.

Ebensowenig enthält aber auch die letzte Stelle eine erkennbare Andeutung über den Eisele'schen Compensationsmodus oder das wirkliche *agere cum compensatione* oder überhaupt eine Anspielung auf irgend ein bestimmtes Compensationsverfahren. Der Kaiser entscheidet hier offenbar nur die Frage, ob einer Fideicommissforderung gegenüber Compensation stattfinde, und ob insbesondere auch die durch die *constitutio Severi* eingeführte Sistirung des Zinsenlaufs in diesem Falle am Platze sei; darüber, wie die Compensation sich prozessualisch vollziehe, giebt er meines Erachtens in dem Schlusssatze weder absichtlich noch unabsichtlich irgend welche Andeutung. Eisele räumt denn auch selbst ein, dass man in dem *amplius* eine solche Beziehung auf das prozessuale Compensationsrecht nicht nothwendig zu finden brauche.

Die bisherigen Ausführungen genügen zu dem Beweise, dass die Aufstellungen der Gegner auch in den Quellen nicht den geringsten Rückhalt finden, und erscheint somit der Angriff von Brinz, Scheurl und Eisele gegen die Berichte der justinianischen Historiker als in jeder Richtung abgeschlagen.

Wir dürfen uns desshalb voll der Gewissheit hingeben, dass der unter Marc Aurel eingebürgerte Compensationsmodus ein Verfahren mit *exceptio doli* gewesen ist.

III. Der nähere Verlauf des Verfahrens entspricht der Schilderung des Theophilus.

§ 23. Beweisgründe: die *aequitas* des Verfahrens. Es ist eine Anwendung des für das gemeine prozessuale Compensationsrecht bereits ausgebildeten einheitlichen Princips.

Ueber den näheren Verlauf des Verfahrens schweigt der § 30 I. cit.; Theophilus dagegen schildert ihn (cf. oben p. 37) dahin, dass der *judex* in Folge der Entgegensetzung der *exceptio doli* Gelegenheit (wörtlich: *χώρα*, „Raum") erhält, die Compensation zuzulassen (*δέξασθαι τὴν κομπενσατίωνα*) und auf einen etwaigen Ueberschuss den Beklagten zu verurtheilen. Zergliedern wir diesen Thatbestand nach unserem Schema, so ist nach Theophilus das Zwangsmittel zur Einleitung der Antrag auf Inserirung einer *exceptio doli;* das weitere Verfahren besteht darin, dass die *exceptio* inserirt wird und nun auf Grund derselben eine richterliche Cognition über die Gegenforderungen erfolgt, an welche sich eventuell die Tilgung der *concurrentes quantitates* durch richterliches Aufhebungsdecret anschliesst. Der dem Kläger etwa noch zukommende Ueberschuss wird demselben ferner stets zugesprochen, auch wenn er den Compensationseinwand nicht in gehöriger Weise berücksichtigt hat; das Compensationsverfahren hindert also die billigkeitsgemässe Verfügung über den Rest in keiner Weise.

Aus der vorjustinianischen Jurisprudenz sind uns Stellen, die den Gang des Verfahrens schilderten oder auch nur andeuteten, leider nicht erhalten. Dass solche Fragmente nicht in die Compilation aufgenommen wurden, erklärt sich übrigens nach dem oben p. 64 Gesagten vollkommen.

Ich bin der Ansicht, dass auch dieser, so vielfach als Erdichtung verschrieene Bericht des Theophilus vollkommen auf Wahrheit beruht. Zu dieser Annahme bewegen mich folgende Gründe:

I. Das von Theophilus geschilderte Verfahren ist in jeder Hinsicht praktisch und der Billigkeit gemäss. Die Römer haben solche Verfahren auch als billig erkannt; sonst hätten sie nicht ein ganz analoges in's *bonae fidei judicium* aufgenommen. Die Einführung ist also durchaus dem Geist des zweiten Jahrhunderts der Kaiserzeit gemäss, wo die Rechtsentwickelung, getragen und vollzogen von einer glanzvollen Jurisprudenz, ausschliesslich die Grundsätze der Zweckmässigkeit und der *aequitas* zur Geltung zu bringen bemüht ist.

Wie schlecht stimmt dagegen zu diesem Geiste das von den strengsten Anhängern der rein exclusorischen Wirkung der *exceptio* angenommene Verfahren (cf. p. 8), in welchem der Kläger, genau wie bei der *actio cum compensatione,* schon vor der Formelabfassung sich in definitiv ihm praejudicirender Weise über seine Stellung zu dem Compensationsbegehren erklären muss, und dem *judex* nicht die geringste Möglichkeit zur wirklichen Vermittelung einer Compensation *in judicio* gewährt wird. Es ist meines Erachtens durchaus unwahrscheinlich, dass jene aufgeklärte Zeit ein für den Kläger so geradezu rigoroses Verfahren, das in Wahrheit, geradeso wie die *actio cum compensatione,* lediglich ein Strafverfahren für unbegründete Compensationsweigerung war, hätte schaffen können.

II. Die Einführung des fraglichen Compensationsmodus bedeutet, wenn man von den einleitenden Akten absieht, lediglich eine Ausdehnung derjenigen Grundsätze, welche das gesammte übrige zu allgemeiner Verwendung bestimmte prozessuale Compensationsrecht bereits einheitlich beherrschten, auf das *stricti juris judicium.* Es liegt nun Nichts näher, als dass man, einmal auf dem Standpunkte angelangt, das prozessuale Compensationsrecht im Wesentlichen nach einem einheitlichen Princip auszubilden, bei einer Erweiterung des materiellen Compensationsgebietes die prozessuale Verwirklichung der neuen Compensationsrechte ebenfalls diesem Princip entsprechend gestaltete und nicht etwa dafür neue abweichende Normen schuf. Selbst zu derartigen verhältnissmässig geringen Abweichungen, wie sie z. B. das (im Uebrigen nicht unpraktische) Keller'sche Verfahren enthält (cf. p. 6—8), hätte man sicher nicht ohne zwingenden Grund gegriffen; ein solcher lag aber, wie die Ausführungen sub III und IV ergeben werden, nicht vor.

§ 24. Beweisgründe: Fortsetzung. Die *exceptio doli* ist zur Herbeiführung des Verfahrens geeignet.

III. Die *exceptio doli* ist zu Marc Aurel's Zeit vollkommen geeignet, das von Theophilus geschilderte Verfahren herbeizuführen. Dies wird freilich, wie wir oben sahen, von vielen Seiten auf das Entschiedenste bestritten; indess glaube ich genügende Beweisgründe dafür produciren zu können.

1. Machte man die *exceptio doli* einmal zum Organ der Compensationsverwirklichung, so wurde die Einführung des von Theophilus berichteten Verfahrens durch einen Umstand geradezu gefordert: nämlich durch das allgemeine Princip, nach dem die *exceptio doli* thätig werden soll. Paulus schildert uns dies Princip in l. 1 § 1 doli mali exc. 44, 4 (l. 71 ad ed.): *ideo autem hanc exceptionem praetor proposuit, ne cui dolus suus per occasionem juris civilis contra naturalem aequitatem prosit.*

Die *exceptio doli* ist die hervorragendste Verkörperung des sittlichen Moments im römischen Recht. Es sind zwar alle *exceptiones* zur Geltendmachung der *aequitas* gegenüber dem *jus strictum* berufen, aber die *exceptio doli* dient diesem Zweck in ganz besonders umfassender und ausgezeichneter Weise. Sie ist eine eigenartige *exceptio;* sie stützt sich nicht, wie die anderen Exceptionen, auf äussere Thatsachen und Ereignisse, heisst nicht den Richter, wie jene, allein nach logischen Grundsätzen operiren; ihr Fundament ist vielmehr die innere Thatsache der *naturalis aequitas,* und sie stellt für die Beurtheilung des Rechtsfalles das ethische Moment hell in den Vordergrund. Ihr ganzes Streben gilt dem Kampf gegen den starren, den Zeitgenossen zur *summa injuria* gewordenen Rechtsformalismus, den die Vorzeit überliefert hatte, und der Verwirklichung der Billigkeit, des wahrhaft Gerechten, auf allen Gebieten.

Nun kommt aber jenem Verfahren an Zweckmässigkeit und billiger Berücksichtigung der Interessen beider Parteien kein anderes gleich. Insonderheit auch nicht der Keller'sche Compensationsmodus, der unter denen mit vertragsmässiger Compensation der denkbar vollkommenste sein dürfte; denn dieser kommt für den Fall definitiver unbegründeter Compensationsweigerung des Klägers doch immer zu dem unbilligen Resultat gänzlicher Abweisung; und er arbeitet nicht so einfach und besonders nicht so schnell, wie das Verfahren des Theophilus. Denn während in diesem der *judex* das Feststellungsjudikat, die Aufhebung der *concurrentes quantitates* (und eventuell auch die *condemnatio* in den Rest) unmittelbar hinter einander und alle zusammen in der Endsentenz ausspricht, ist das KELLER'sche Judikat, welches die Compensabilität feststellt und den Compensationsbefehl an den Kläger ergehen lässt, ein besonderes Zwischenurtheil und muss dem Kläger nothwendig eine Erklärungsfrist gewähren; denn er muss sich ja überlegen, ob es nach der Sachlage angemessener für ihn ist, dem Compensationsbefehl nachzukommen, wodurch er des Rechtsmittelweges verlustig geht, oder aber sich verurtheilen zu lassen und den Weg der Appellation zu beschreiten; es wird also hier Terminsverlegung nothwendig, und bis zum Endurtheil wird von da an für die Regel noch geraume Zeit verstreichen.

Die eben erwähnten Vorzüge waren ferner, wie wir oben (p. 75) schon ausführten, von der römischen Jurisprudenz zu Marc Aurel's Zeit auch bereits erkannt.

Die Anknüpfung gerade des obigen Verfahrens an die *exceptio doli* war demnach eine aus dem Wesen dieser *exceptio* sich direct ergebende Nothwendigkeit.

2. Gründe, welche sich dieser Verwirklichung des Princips der *exceptio doli* in dem vorliegenden Falle entgegengestellt hätten, sind nicht vorhanden.

a) Vor Allem darf man nicht, wie dies so vielfach geschehen ist, die prozessuale Gestalt der *exceptio* als unüberwindliches Hinderniss für die Einführung jenes Compensationsverfahrens in's *stricti juris judicium* ansehen.[1]

Nirgends in den Quellen findet sich ein Ausspruch, der die *exceptio* als positive Bedingung der *absolutio* herstellte, d. h. als Folge des begründet erfundenen Exceptionsthatbestandes positiv und technisch die „*absolutio*" forderte.

In den Formeln tritt die *exceptio* vielmehr überall lediglich als negative Bedingung der *condemnatio* auf, oder — wenn man aus der Form den sachlichen Kern herausschält — als ein neben den beiden bedingten Prozessbefehlen *si paret decem dare oportere, decem condemna, — si non paret, absolve* — selbstständig bestehender dritter bedingter Befehl negativen Inhalts: darauf gerichtet, dass für den Fall, wo die *intentio,* aber auch der Exceptionsthatbestand begründet ist, der *condemnatio* nicht nachgekommen werde. Und zwar verbietet die *exceptio* — wenn man den Inhalt der *formula* logisch abwägt — nicht jede Verurtheilung, sondern lediglich die in der *condemnatio,* in dem

[1] Vgl. für das Folgende die in allem Wesentlichen übereinstimmenden Ausführungen von DERNBURG (p. 233) und UBBELOHDE (p. 124).

Condemnationsbefehl speciell anbefohlene; bei der *condictio certi* auf 10 gebietet sie lediglich Unterlassung des *decem condemna;* denn nur zu dem *decem condemna* und nicht etwa zu jedwedem *condemna,* ist sie als negative Bedingung hinzugefügt.

Der Exceptionsbefehl muss nun nothwendig auch einen positiven Inhalt haben; denn für den Fall, dass der Exceptionsthatbestand vorhanden ist, treten ja sowohl der Condemnations- wie der Absolutionsbefehl wegen Deficienz ihrer Bedingungen ausser Kraft, — und der Richter kann also nur aus der *exceptio* die Directiven entnehmen, wie er den Prozess zu Ende, zur Entscheidung bringen soll; dann genügt aber ein rein negativer Inhalt nicht; sie muss positiv befehlen, wie entschieden werden soll.

In der Formel findet sich aber dieser positive Bescheid nicht ausgedrückt: offenbar desshalb, weil das römische Recht glaubte, mit der Aufstellung des die *exceptio* beherrschenden Princips dem Richter eine, für die Bestimmung dieses positiven Inhaltes im concreten Fall ausreichende Norm gegeben zu haben.

Durch diese eigenthümliche, formell lückenhafte Gestaltung der *exceptio* war nun den rechtsbildenden Faktoren ein bequemer Weg eröffnet, um auch auf dem Gebiete des Prozessrechts die Ideen der *aequitas* zur Geltung zu bringen und die richterliche Amtsgewalt gegebenen Falls zu Abweichungen von dem civilrechtlichen Absolutionsprincip zu befähigen.

b) Noch viel weniger als die prozessuale Natur der *exceptio* stehen nun meines Erachtens der ihr von uns vindicirten Fähigkeit die Bedenken entgegen, welche Eisele p. 66. 67. 69 äussert. Er ist nämlich der Ansicht, weil die *plus petitio re* noch bis auf Justinian stets mit gänzlicher Abweisung geahndet sei, so könne auch der gegen eine Partialexceptio Fordernde bis dahin keine andere mildere Behandlung erfahren haben, und müsse daher insbesondere auch der unbegründet die Compensation Weigernde, wenn der Einwand gegen ihn durch inserirte *exceptio doli* geltend gemacht wurde, stets gänzlich abgewiesen sein.

Eisele lässt sich hier meines Erachtens wieder zu sehr von formalistischen Gesichtspunkten beherrschen; ich komme aus materiellen Gründen zu einem anderen Resultat.

Die Behauptung, dass den Compensationsweigernden das gleiche Schicksal wie den *plus petens* treffen müsse, hätte meines Erachtens nur dann Berechtigung, wenn die rechtliche Sachlage in beiden Fällen die gleiche wäre; dieselbe ist aber hier gerade durchaus verschieden. Wer *re plus petit,* fordert einen Anspruch ein, der zu einem Theil überhaupt nicht rechtlich begründet ist; wer dagegen zu Unrecht Compensation weigert, macht an sich einen voll und ganz rechtlich begründeten Anspruch geltend, und sein Vergehen besteht lediglich darin, dass er für diesen Anspruch eine ihm nicht zukommende Befriedigungsart — Baarzahlung statt Aufrechnung — begehrt.

Das römische Recht hatte daher nicht die mindeste Veranlassung, auf den *re plus petens* bei der Construction des durch *exceptio doli* herbeizuführenden Compensationsverfahrens Rücksicht zu nehmen.

§ 25. Beweisgründe: Schluss. Die *exceptio doli* reformirte zu Marc Aurel's Zeit auf einigen, dem vorliegenden verwandten Rechtsgebieten das Prozessrecht bereits im Sinne der *aequitas.*

IV. Es ist uns quellenmässig bezeugt, dass ohngefähr um die hier in Betracht kommende Zeit die *exceptio* auf zwei anderen Rechtsgebieten, von denen namentlich das eine dem von uns jetzt behandelten nahe verwandt ist, wirklich das civilrechtliche Absolutionsprinzip den Tendenzen der *aequitas* entsprechend reformirte.

1. Zunächst bewirkte die *exceptio* wenn ein Anspruch eingeklagt wurde, dessen Realisirung nach Exceptionenrecht zu einem Theil überhaupt nicht, auf keinerlei Weise, verlangt werden konnte, das Eintreten der Theilcondemnation. Dies ist zwar wieder unendlich bestritten. Nachdem Dernburg (p. 204—232) und Eisele (p. 67 ff.) das Für und Wider so überaus gründlich und scharfsinnig deducirt haben, bleibt Neues in dieser Frage kaum zu sagen, und ich werde mich desshalb auf eine kurze Würdigung des Beweismaterials beschränken.

Ich gebe Eisele zu, dass die l. 45 fideic. lib. 40, 5 (Ulpianus l. 5 disput.) gerade in ihrem hier entscheidenden Theile interpolirt ist (cf. hierüber Eisele p. 72 ff.), — sowie dass l. 1 § 3. l. 2 ad Sct. Mad. (Ulp. l. 29 resp. 64 ad ed.), l. 9 pr. eod. (Ulp. l. 29 eod.), l. 15 pr. ad leg. Falc. 35, 2 (Papinianus l. 13 resp.) aus den anderen, von ihm p. 75 ff. angeführten Gründen keinerlei Beweiskraft haben. — Aber um so unanfechtbarere Stützen für die Dernburg'sche Ansicht sind l. 22 pr. exc. 44, 1 (Paulus l. singulari de variis lectionibus), und l. 85 leg. I. 30 (Paulus l. 11 ad Plautium). Die l. 22 pr. cit.: *exceptio est condicio quae modo eximit reum damnatione, modo minuit damnationem* spricht die Möglichkeit der Condemnationsminderung ganz allgemein aus; die l. 85 cit.: *duobus conjunctim fundus erat legatus: alter ex his partis aestimationem per actionem personalem abstulit. alter si fundum totum vindicare velit, exceptione doli mali pro parte dimidia repellitur, quia defunctus semel ad eos legatum pervenire voluit* bezeugt sie für einen concreten Fall.

Die Versuche Eisele's, auch diesen Stellen ihre Beweiskraft zu nehmen, halte ich für missglückt. Den Schlusssatz der l. 22 auf die specielle *exceptio quantum facere potest* zu beziehen, ist schon wegen der ganz allgemeinen Redeweise der Stelle, die mir die beiden Alternativen als für jede *exceptio* geltend hinzustellen scheint, nicht thunlich, und erregt noch mehr Bedenken, wenn man erwägt, dass gerade auf jene *exceptio* wegen ihrer eigenthümlichen Formulirung die Bezeichnung *condicio* nicht passt (Eisele p. 90. 91. 92).

Und ebensowenig erscheint es berechtigt, wenn Eisele eine *exceptio* oder *condicio quae minuit damnationem* für ein logisches Unding hält, und desshalb den Schlusssatz nicht dem Paulus, sondern einer Interpolation der Compilatoren zuschreiben möchte. Wie wir oben ausführten, ist die *exceptio* die *condicio* zu einem Prozessbefehl positiv ganz allgemeinen Inhalts: des Befehls, zu richten wie die *aequitas* es erheischt. Von dieser *condicio* zu sagen, dass sie auch Minderung der *damnatio,* also der Verurtheilung (nicht etwa des concreten Condemnationsbefehls, der *condemnatio*) herbeiführen könne, halte ich für logisch ganz unbedenklich.

Die l. 85 cit. vermag Eisele (p. 80. 81) nur dadurch seinen Zwecken zu beugen, dass er das *vindicare velit* urgirt und annimmt, dass von der Wirkung nicht der inserirten, sondern der bloss *in jure* opponirten *exceptio* die Rede ist; diese bewirke, dass Kläger die Vindikation auf die Hälfte beschränke, da er bei inserirter *exceptio* ja gänzliche Abweisung zu erwarten habe. Ich halte diese Annahme für willkürlich; sonst bezeichnet das *exceptione repelli, summoveri* stets die Wirkung der inserirten *exceptio in judicio;* dass es gerade hier anders sein sollte, ist nicht genügend erwiesen.

Nach meiner Ansicht kann Dernburg aber auch ferner die l. 17 § 2 ad Sct. Vellej. 16. 1 (Africanus l. 4 quaest.): *mulier et Titius cum in rem communem mutuarentur, ejusdem pecuniae rei facti sunt: non omnimodo mulierem pro parte socii intercessisse dicebat. nam si ob eam causam mutuati fuerint, ex qua, si creditor pecuniam non dedisset, majus damnum mulier passura fuerat...... potius esse ut senatus consulto locus non sit. at si in aliquam emptionem mutua pecunia sit accepta, tunc pro parte intercessionem factam videri et ideo creditorem partem dumtaxat pecuniae a muliere petere posse: quod si totum petierit, exceptione pro parte summovetur* mit Fug und Recht als Beweisgrund für sich nützen. Denn dafür, dass der Schlusssatz von *quod si* an ein Zusatz der Compilatoren sei (wie Eisele p. 67 ff. behauptet), ist mir der Umstand, dass dieser Schlusssatz, sprachlich betrachtet, aus der Construction fällt (indem er von der bisher die Stelle beherrschenden indirecten in die directe Rede übergeht), kein genügendes Argument, und auch die sonst dort von Eisele angeführten Gründe sind mir nicht probabel; ein Umstand spricht aber sehr energisch gegen die Auffassung dieses Passus als Interpolation. Den Compilatoren bedeutet ja, wie aus l. 14 § 2 cond. furt. 13, 1 (Julianus l. 22 Digest.), — l. 28 pr. pign. act. 13, 7 (Julian. l. 11 Digest.), — l. 8 trit. vin. 33, 6 (Pomponius l. 6 epist.), — l. 4 exc. 44, 1 (Paulus l. 20 ad ed.) zur Genüge hervorgeht, schon das einfache *summovere* auch theilweise Abweisung, wesshalb sollten sie also in jener Stelle das *pro parte* hinzugesetzt haben? Viel näher liegt hier meines Erachtens die gerade gegentheilige Annahme, dass es zum ursprünglichen Text der Stelle gehört, und die Compilatoren es zu streichen vergessen haben, ebenso wie in l. 85 cit.

Im Hinblick auf die eben besprochenen drei Fragmente bezweifle ich nicht, dass auch folgende des Weiteren von Dernburg angezogene Stellen: l. 2 C. non num. pec. 4, 30 (Antoninus Maturio, a. 213), l. 14 C. R. V. 3, 32 (Diocletianus et Maximianus Septimae, a. 293), — l. 20 pr. statulib. 40, 7 (Paulus l. 16 ad Plautium), — l. 9 § 1 c. c. d. 12, 4 (Paulus l. 17 ad Plautium), — l. 16 pr. ad leg. Falc. 35, 2 (Scaevola l. 3 quaest.), — l. 16 doli m. exc. 44, 4 (Hermogenianus l. 6 juris epitomarum) die condemnationsmindernde Wirkung der *exceptio* aussprechen wollen, — und halte den Beweis für die Dernburg'sche Ansicht für genügend erbracht: — zumal der von Eisele unternommene positive Gegenbeweis durch Quellenbelege, wie sich sogleich zeigen wird, nur auf schwachen Füssen steht.

Eisele beruft sich zunächst auf ein Basilikenscholion von Cyrillus (Scholion 1 zu Bas. 24, 1. 9; Heimbach III. p. 6), wo der letzte Satz der eben citirten l. 9 § 1 c. c. d. 12, 4: *in eo dumtaxat exceptionem obstare debere, quod mulier receptura esset*[1] folgendermaassen wiedergegeben wird: *οὐκ ἀπαιτοῦμαι εἰ μὴ τὸ ἐκ τοῦ κάσου ἁρμόσαν τῷ ἀνδρὶ* (cf. Eisele p. 87).

Man darf aber wohl einmal nicht so fest wie Eisele darauf vertrauen, dass Basilikenscholien die Ansichten der klassischen Juristen unbedingt correct wiedergeben. Sodann führt selbst solches Vertrauen hier nicht zu dem gewünschten Resultat; denn das Scholion sagt ledig-

[1] Die Stelle lautet vollständig: *si quis indebitam pecuniam per errorem jussu mulieris sponso ejus promisisset, et nuptiae secutae fuissent, exceptione doli mali uti non potest . . . . . itaque adversus mulierem condictio ei competit, ut aut repetat ab ea quod marito dedit, aut ut liberetur si nondum solverit. sed si soluto matrimonio maritus peteret, in eo dumtaxat etc.*

lich: nur das dem Manne Zukommende kann von mir eingefordert werden .. Darüber, durch welchen Zwang es veranlasst wird, dass nur dieser Theil eingeklagt wird, sagt das Scholion nichts.

Ebensowenig giebt über diesen letzteren Punkt Aufklärung die weiter von Eisele angezogene l. 27 § 5 pactis 2, 14 (Paulus l. 3 ad ed.): .. *si cum viginti deberes, pepigerim ne decem petam: efficeretur per exceptionem mihi opponendam, ut tantum reliqua decem exigere debeam.* Auch diese Stelle sagt lediglich, dass, nicht aber, wodurch die *exceptio* mich auf die Einklagung der *decem* beschränkt.

Nun trafen aber zweifellos auch noch nach Einführung der Theilcondemnation den Kläger, der mit einem Theil seiner Klagbitte nicht durchdrang, derartige prozessuale Nachtheile, dass es ihm durchaus erwünscht erscheinen musste, wenn er von der Begründung der Partialexceptio überzeugt war, sein *petitum* von Anfang an zu beschränken. Bei der *condictio certae pecuniae,* unter den strikten Klagen doch wohl der bei Weitem häufigsten, ging jedenfalls die *poena restipulationis* ganz oder zum Theil verloren. Zudem droht stets die Calumnienklage (Bethmann-Hollweg II. p. 535 ff.). — Die Annahme, dass Paulus in der l. 27 § 5 cit. diese indirecten Wirkungen der *exceptio* im Auge hat, ist daher meines Erachtens völlig gerechtfertigt. — Das Basilikenscholion denkt aber wohl sicher nur an die Folgen, die seine eigene Zeit an die theilweise Abweisung knüpft.

Wie nun ferner Eisele die l. 15 doli m. exc. 44, 4 (Scaevola l. 5 responsorum) für sich verwenden will, ist schwer einzusehen. Die Stelle lautet (Eisele p. 88. 89): *fidejussor evictionis nomine condemnatus id praedium, quod evictum est, et omnia praestare paratus est, quae jure empti continentur: quaero an agentem emptorem ex causa judicati exceptione doli mali summovere potest? respondit, exceptionem quidem opponi posse, judicem autem aestimaturum, ut pro damnis emptori satis fiat.* Ein *evictionis nomine* auf Geld condemnirter *fidejussor* möchte sich zum Theil durch Naturalleistung des evincirten Grundstücks befreien, und nur den Rest in Geld erlegen. Es wird nun die Frage aufgeworfen, ob er, wenn er jene Leistungen anbietet, den *ex causa judicati* klagenden *emptor* mit der *exceptio doli summovere* kann.

Die Stelle könnte nun doch nur für Eisele sprechen, wenn sie diese Frage direct bejahte! Statt dessen aber giebt sie zur Antwort: Die *exceptio* könne zwar entgegengesetzt werden, der *judex* werde aber sein Ermessen dahin eintreten lassen, dass für die Schäden, — also für das, was der *fidejussor* ausser dem *praedium evictum* zu leisten hat, — dem Käufer Genüge geschehe. Durch welchen Richterspruch der Prozess beendet wird, davon steht in der Stelle also direct nichts;

ich meine aber, die Schlusswendung weist so deutlich wie möglich darauf hin, dass hier Theilcondemnation eintritt. Und dass diese Theilcondemnation, wenn sie eintritt, nicht trotz, sondern wegen der *exceptio doli* eintritt, darf nach den obigen Ausführungen über die Natur der *exceptio* nicht bezweifelt werden.

Das einzige Fragment, welches die Eisele'sche Ansicht direct ausspricht, ist l. 2 § 7 doli m. exc. 44, 4 (Ulpian. l. 76 ad ed.): *item quaeritur: si statu liberum mercatus quis fuerit jussum decem dare, cum hoc ignoraret, et duplam stipulatus fuerit, deinde decem acceperit, evicto eo in libertatem agere ex duplae stipulatione potest, sed nisi decem quae implendae condicionis causa acceperit, deduxerit, exceptione summovendus erit: et haec ita Julianus quoque scripsit. si tamen ex re emptoris vel ex peculio quod ad emptorem pertinebat, pecuniam dederit statu liber, potest dici exceptionem non nocere, quia dolo non faceret.* Aber diese Stelle kann desshalb nicht als beweiskräftig anerkannt werden, weil, wie Dernburg mit Recht hervorhebt, hier die besondere Natur des Falles gänzliche Abweisung erheischt (cf. die Ausführungen Dernburg's p. 217—219). Ulpian scheint übrigens selbst Bedenken gehabt zu haben, welches die zweckmässigste Entscheidung in diesem schwierigen Falle sei; darauf deutet das zagende *summovendus erit.*

Die beiden letzten Stellen, die Eisele für sich ins Feld führt, enthalten allgemeine Aussprüche über Gestalt und Natur der *exceptio.* Aber auch diese Stellen legen meines Erachtens nicht das Zeugniss ab, welches Eisele aus ihnen herausliest. Zunächst Gajus IV, 119: *omnes autem exceptiones in contrarium concipiuntur quam adfirmat is cum quo agitur: nam si verbi gratia reus dolo malo aliquid actorem facere dicat, qui forte pecuniam petit quam non numeravit, sic exceptio concipitur: „si in ea re nihil dolo malo Auli Agerii factum sit neque fiat"; item si dicatur contra pactionem pecunia peti, ita concipitur exceptio: „si inter Aulum Agerium et Numerium Negidium non convenit, ne ea pecunia peteretur"; et denique in ceteris causis similiter concipi solet: ideo scilicet quia omnis exceptio objicitur quidem a reo, sed ita formulae inseritur ut condicionalem faciat condemnationem, id est, ne aliter judex eum cum quo agitur condemnet, quam si nihil in ea re qua de agitur, dolo actoris factum sit; item ne aliter judex eum condemnet, quam si nullum pactum conventum de non petenda pecunia factum fuerit.*

Diese Stelle, in welcher die prozessuale Gestalt der *exceptio* meines Erachtens klar dahin definirt wird, dass sie eine Bedingung der *condemnatio,* also des speciellen Condemnationsbefehls, sei, kann Eisele für seine Ansicht nur dadurch verwenden, dass er die Erläuterung *„id*

6*

est ne aliter judex . . . condemnet“ als allgemeine Bemerkung auffasst. Diese Erläuterung bezieht sich aber offensichtlich nur auf die am Eingang der Stelle erwähnten concreten Beispiele, deren Natur stets gänzliche Abweisung forderte, auch wenn eine Theilcondemnation für andere Fälle bereits bestand.

Kommen wir endlich zu l. 2 pr. exc. 44, 1 (Ulpian. l. 74 ad ed. [Eisele p. 51. 52. 89. 90]): *exceptio dicta est quasi quaedam exclusio, quae opponi actioni cujusque rei solet ad excludendum id quod in intentionem condemnationemve deductum est.*

Diese Stelle interpretirt den § 2 eodem: *illud tenendum est, omnem exceptionem vel replicationem exclusoriam esse; exceptio actorem excludit, replicatio reum* näher.

Will man mit Eisele — dessen eigenthümliche Auffassung des *id quod in condemnationem deductum est* (p. 52) übrigens schwerlich Anklang finden wird — in diesem Fragment den Ausspruch finden, die *exceptio* wirke stets dem Anspruch gegenüber exclusorisch, so muthet man den Compilatoren zu, dass sie in demselben, ganz kurzen Titel in dieser l. 2 cit. und in der l. 22 pr. cit. über den Begriff der *exceptio* zwei sich diametral entgegenstehende Definitionen gegeben haben. Das geht meines Erachtens zu weit. Wenn irgend wo, so werden daher hier Vereinigungsversuche am Platze sein. Und da halte ich den von Dernburg (p. 204) eingeschlagenen Weg für ganz angemessen; er versteht unter dem *id quod in intentionem deductum est* den Anspruch, unter dem *id quod in condemnationem deductum est* den Inhalt des concreten Condemnationsbefehls, und interpretirt der Sache nach also: die *exceptio* ist ein Ausschlussmittel..... zur Ausschliessung entweder des Anspruchs oder doch des concreten Condemnationsbefehls. Die Entrüstung, welche Eisele über diese Auslegung (p. 90) äussert, erscheint mir unbegründet. — Noch angezeigter ist es aber vielleicht, das *id quod in intentionem condemnationemve deductum est* wegen seiner engen sprachlichen Zusammenziehung als etwas Einheitliches aufzufassen und im Hinblick auf Gaj. IV, 41: *intentio est ea pars formulae, qua actor desiderium suum concludit*... unter dem ganzen Ausdruck eine Umschreibung für dies *desiderium actoris* zu finden. Von diesem, also dem speciellen Klagbegehren, kann man wohl sagen, dass es sowohl in die *intentio,* wie auch in die *condemnatio* Aufnahme gefunden hat *(deductum est).*

Die vorstehenden Ausführungen werden genügen, um die Unzulänglichkeit des Eisele'schen Gegenbeweisversuches darzulegen, und somit die Annahme, dass bei dem vorliegenden Rechtsverhältniss ohngefähr seit Gajus' Zeit die Partialexception condemnationsmindernde Wirkung hat, zur Gewissheit zu erheben.

Es verdient hierbei besondere Hervorhebung, dass diese Exceptionen dem civilrechtlichen Einwand des *plus petere* ungleich näher liegen, als die Einrede der unberechtigten Compensationsweigerung. Während die Compensationseinrede, wie wir sahen, sich nur gegen die geforderte Befriedigungsart wendet, machen alle diese Einwände geltend, dass so wie geschehen zum Theil überhaupt nicht gefordert werden darf. Die Gründe, die sie hierfür anziehen, sind zwar unter sich wieder verschieden, aber die meisten dieser Partialeinreden fussen doch auf dem Thatbestand des theilweise nicht begründeten Anspruchs, sei es nun, dass er nach prätorischem Recht hinfällig ist, wie bei entgegenstehendem *pactum de non petendo,* oder gar, genau so wie bei der *plus petitio,* nach Civilrecht, wie beim *Sct. Macedonianum* resp. *Vellejanum;* nur bei wenigen, wie z. B. bei der *exceptio divisionis,* liegt der Grund des Nichtforderndürfens in etwas Anderem.

2. Schon zu Celsus' Zeit, also bereits lange vor Gajus, wurde ferner die *exceptio doli* gegenüber der *rei vindicatio* in einem singulären Falle sogar zur Herbeiführung eines regelrechten gerichtlichen Compensationsverfahrens verwandt.[1]

Dies ist uns bezeugt in dem Schlusssatze der bereits oben (p. 60) citirten l. 38 R. V. von Celsus. Dort wird vorausgesetzt, dass gegenüber der Vindication eines *fundus* mittelst *exceptio doli* eine Impensenforderung geltend gemacht ist, — und nun für den Fall, dass der *dominus receptum fundum mox venditurus est,* bestimmt: wenn er die geschuldeten Impensen nicht freiwillig erstatte, so solle der *judex* den Werth des *fundus* abschätzen, die Impensenforderung mit dem entsprechenden Theile der Schätzungssumme compensiren und den Beklagten zur Zahlung des Restes verurtheilen.

Die l. 38 spricht es nicht ausdrücklich aus, dass der *judex* seine Macht zu diesem Verfahren der *exceptio doli* entnehme; aber diese Thatsache erscheint mir trotzdem unanfechtbar. Einmal steht es fest, dass die Impensenforderung nur durch die *exceptio doli* geltend gemacht werden kann: ist es da nicht das Natürlichste, dass auch die Art der Geltendmachung durch die *exceptio* bestimmt wird. Sodann spricht dafür, dass die *exceptio doli* jene Machtquelle ist, noch folgender Umstand: Die betreffende Entscheidung ist für den concreten Fall durch und durch der *aequitas* entsprechend. Das Interesse beider Parteien wird gleichmässig auf's Beste gewahrt; denn der Beklagte

[1] Vgl. über dieses Verfahren im Uebrigen oben § 19.

bleibt natürlich am liebsten auf dem Grund und Boden, den er bisher für seinen eigenen gehalten und auf dem er sich häuslich wie wirthschaftlich eingelebt hat; dem Kläger aber muss es, da er den *fundus* doch verkaufen will, sehr genehm kommen, dass er nun nicht noch Baargeld zum Ersatz der Impensen zu beschaffen braucht, sondern im Gegentheil in erwünschter Weise sofort die Waare in Geld umsetzt. Die Entscheidung stellt sich demnach in jeder Weise als Ausfluss desselben Princips dar, welches die *exceptio doli* beherrscht.

Dennoch ist es, wie wir schon oben andeuteten, sehr bestritten, dass die *exceptio doli* diese Machtquelle sei. Eisele (p. 79—84) behauptet, die *exceptio* stehe in gar keinem ursächlichen Verhältniss zu dem fraglichen Verfahren, sie würde dasselbe — da sie stets rein absolutorischer Natur sei — sogar hindern, wenn ihre Macht nicht *in concreto* paralysirt würde. Die *causa efficiens* jenes Verfahrens und zugleich das Moment, welches die Wirkung der *exceptio doli* im vorliegenden Falle ausschliesse, sei vielmehr zu sehen in der freien Gestaltung des *officium judicis* bei der *rei vindicatio.*

Aber dieser Angriff gegen die von uns vertheidigte Auffassung ist verfehlt. Denn der Gegensatz zwischen *exceptio doli* und *officium judicis*, den Eisele annimmt, existirt nicht. Das *officium judicis* fungirt vielmehr, wenn die *exceptio* inserirt ist, stets im Dienste derselben und niemals im Gegensatz zu ihr; allein die *exceptio doli*, und nichts Anderes, bestimmt dann den Inhalt der richterlichen Amtsgewalt. Dies wird durch Quellenzeugnisse klar erwiesen.

Zunächst durch l. l. 28 und 30 R. V. (beide aus Gajus l. 7 ad ed. prov.): l. 28: . . . *dicitur non aliter officio judicis aestimationem (sumptuum) haberi posse*, [l. 29 (Pomponius l. 21 ad Qu. Mucium): *nisi si venalem eum habeas et plus ex pretio ejus consecuturus sis propter artificium*], l. 30: *aut si ante denuntiatum sit actori, ut impensam solveret, et eo dissimulante posita sit doli mali exceptio.*

Diese beiden Stellen, welche meines Erachtens ursprünglich ein eng verbundener Passus und nicht durch *aut*, sondern durch *ac* verknüpft gewesen sind, sprechen deutlich aus, dass das *officium judicis* zur *aestimatio sumptuum* erst befähigt wird durch die Ponirung der *doli exceptio*, — dass also das *officium judicis* hier durchaus von der *exceptio* abhängig ist.

Dasselbe bezeugt ferner l. 48 R. V. (Papinianus l. 2 responsorum); und diese Stelle beschreibt uns in dem Passus: *sumptus in praedium.... facti... exceptione doli posita per officium judicis aequitatis ratione servantur* zudem auch die Art des Inhalts, mit dem die *exceptio* das *officium judicis* erfüllt: den Impensen wird auf Opponirung der *exceptio doli* hin durch das *officium judicis* nach den Grundsätzen der Billigkeit Rechnung getragen.[1]

Mit diesen klaren Aussprüchen über das Verhältniss des *officium judicis* zur *exceptio doli* stimmt, richtig verstanden, auch überein die zunächst scheinbar widersprechende l. 11 nox. act. 9, 4 (Ulpianus l. 7 ad ed.): *bona fide servi possessor ejus nomine furti actione tenebitur, dominus non tenetur. sed noxae dedendo non facit quidem actoris: cum autem coeperit istum servum dominus vindicare, doli exceptione summovebitur vel officio judicis consequetur, ut indemnis maneat.* Der Jurist hebt in diesem, sprachlich übrigens schon wegen des nicht angedeuteten Subjectwechsels recht schwerfälligen Schlusspassus nicht gegensätzliche Folgen der *exceptio doli* und des *officium judicis,* sondern nur die verschiedene Wirkung der *exceptio doli* gegenüber der *rei vindicatio* für zwei verschiedene Fälle hervor: das *summovetur* als die Regel, das *consequetur* etc. als Ausnahme; und zwar hat er als diese letztere höchst wahrscheinlich den am Schluss der l. 38 cit. erwähnten Fall im Auge, der ja auch in l. 29 eod. wiederkehrt, dem Billigkeitsgefühl der damaligen Zeit also einer besonderen Behandlung werth gewesen zu sein scheint. — Das *officio judicis* ist nun bei der Besprechung der Behandlung dieses Ausnahmefalles nur hinzugefügt unter dem unwillkürlichen Triebe, die Gründe der verhältnissmässig noch neuen Ausnahme von der altbekannten Summotionsregel möglichst ausführlich zu schildern; desshalb wird hier neben der mittelbaren Urheberin, der *exceptio doli,* auch noch die unmittelbare Quelle dieses Verfahrens, das durch die *exceptio doli* zu dieser Funktion erweiterte *officium judicis,* erwähnt.

Das *officium judicis* steht also nicht neben, sondern unter der *exceptio doli.* Wenn man daher in einem Falle, wo diese *exceptio* inserirt und begründet befunden ist, ein Decret des *judex* aus seinem *officium* herleitet, so vindicirt man ihm damit *implicite* auch stets die *exceptio doli* als Quelle. —

Andersartige Angriffe sind meines Wissens gegen unsere Auffassung von dem Verhältniss der *exceptio doli* zu jenem Compensationsverfahren nicht unternommen. Den Eisele'schen dürfen wir als abgeschlagen bezeichnen und demnach unsere Aufstellung, dass die *exceptio doli* die alleinige *causa efficiens* des besagten Verfahrens sei, als genügend begründet und als bisher in keiner Weise erschüttert betrachten.

---

[1] Brinz's Interpretation (Brinz p. 72 ff.), welche die *exceptio doli,* das *officium judicis* und die *aequitatis ratio* als drei selbstständig und unabhängig neben einander wirkende und jedes besondere Resultate erzeugende Elemente auffasst, geht meines Erachtens völlig falsche Wege.

Erwägt man die sämmtlichen sub I—IV erörterten Umstände im Zusammenhange, vergegenwärtigt man sich namentlich nochmals die Ausführungen ad III und IV und insbesondere die Thatsache, dass zu Gajus' Zeit, auf einem Rechtsgebiet, wo die analoge Anwendung der civilrechtlichen Grundsätze über die *plus petitio* ungleich näher lag als auf dem Compensationsgebiet — die *exceptio* dennoch bereits eine der *aequitas* entsprechende Reformation des Prozessrechts bewirkt hatte, — so liegt kein Grund mehr vor, die Wahrheit des von Theophilus Berichteten zu bezweifeln. Genau so, wie er es schildert, wird das Rescript ausgesprochen haben, dass die *exceptio doli* zur Geltendmachung der Gegenforderung zu verwenden sei und das *officium judicis* in Folge dessen die bewussten Befugnisse erhalte.

Fünftes Kapitel.

Das Verfahren Marc Aurel's hat bis zur l. ult. C. h. t. fortbestanden.

§ 26. Der § 30. I. cit. lässt auf seine kurze Bemerkung über die Compensation Marc Aurel's sogleich die Beschreibung der von Justinian eingeführten Neuerung folgen.

Auch Theophilus knüpft mit den Worten: *ταῦτα μὲν οὖν ἐκ τῶν παλαιοτέρων διατάξεων · ἡ δὲ τοῦ ἡμετέρου βασιλέως παρακελεύεται διάταξις, τὰς σαφεῖς καὶ ἀναμφιβόλους κομπεσσατίωνας ipso jure μειοῦν τὴν ἀγωγὴν* etc. unmittelbar an die Schilderung des im vierten Capitel erörterten Verfahrens den Bericht über die justinianische *ipso jure compensatio.*

Die justinianischen Historiker nehmen daher offenbar an, dass auf dem Gebiete des prozessualen Compensationsrechts weitere Veränderungen während der vorjustinianischen Zeit nicht mehr stattgefunden haben, dass die bestehenden Grundsätze vielmehr, *mutatis mutandis,* auch in den Prozess der vierten Periode übertragen sind, und dass also das Verfahren mit *exceptio doli* im *stricti juris judicium* bis auf Justinian in Geltung geblieben ist.

Auch dieser Aufstellung muss man sich meines Erachtens anschliessen.

Zunächst ist durch die Ausführungen im zweiten Capitel soviel gewiss geworden, dass ein Compensationsverfahren im *stricti juris judicium*, nachdem es einmal eingeführt war, auch die ganze vorjustinianische Zeit hindurch fortbestehen musste, weil die Beschaffenheit des materiellen Compensationsrechtes während dieser ganzen Periode ein prozessuales Verfahren zur Verwirklichung der Compensationsberechtigung erforderte.

Aber auch dafür, dass der Compensationsmodus, so wie er sich unter Marc Aurel entwickelt hatte, im Wesentlichen unverändert bis auf Justinian fortbestand, sind genügende Argumente vorhanden. —

I. Vorerst sind uns gerade für diejenige Epoche, in welcher sich nach der Ansicht der Gegner (UBBELOHDE und SCHWANERT, cf. oben p. 10) eine Veränderung prozessualer Natur im Compensationsverfahren des *stricti juris judicium* vollzogen haben soll — nämlich für die Zeit von Paulus und Ulpian — Quellenzeugnisse erhalten, welche das unveränderte Fortbestehen der *compensatio* durch *exceptio doli* ergeben.

Der allgemeine Ausspruch des Paulus in l. 173 R. I. (l. 6 ad Plautium), wiederholt in l. 8 dol. mal. exc. (ebenfalls l. 6 ad Plautium [cf. EISELE p. 97]): *dolo facit qui petit quod redditurus est* lässt sich zwar nicht für unsere Behauptung verwerthen, weil nicht erwiesen ist, dass Paulus die betreffende Aeusserung auch mit Bezug auf unberechtigte Compensationsweigerung macht.

Desgleichen ist bei l. 23 sol. matr. 24, 3 (Paulus l. 36 ad ed. [cf. EISELE p. 94. 95]) nicht zu ermitteln, ob dies Fragment in seinem ursprünglichen Zusammenhange einen Compensationseinwand im Auge hat.

Und endlich müssen wir auch Verzicht leisten auf l. 4 § 8 dol. mal. exc. (Ulpianus l. 76 ad. ed.): *item quaeritur, si uniones tibi pignori dedero et convenerit, ut soluta pecunia redderentur, et hi uniones culpa tua perierint et pecuniam petas. Extat Nervae et Atilicini sententia dicentium: ita esse excipiendum: si inter me et te non convenit, ut soluta pecunia uniones mihi reddantur: sed est verius exceptionem doli mali nocere debere.*

Rührte das *pignori* von Ulpian her, dann wäre freilich die Stelle ein Zeugniss für die Fortdauer der Compensation durch *exceptio doli*, wie es klarer nicht gedacht werden kann. Aber EISELE's Behauptung (cf. EISELE p. 96. 97), dass das *pignori* Interpolation sei und der ursprüngliche Text *fiduciae* gelautet habe, hat in der Fassung des Fragments, besonders in der für das *pignus* ganz überflüssigen, für die *fiducia cum creditore* dagegen sehr charakteristischen Hervorhebung des *convenerit ut soluta pecunia redderentur*, meines Erachtens ganz überzeugende Argumente für sich. Handelt Ulpian aber von der *fiducia*, so liegt kein Compensationsfall vor; denn dann steht die Sache zur Zeit der Schadenszufügung im Eigenthum des Gläubigers, und es ist somit kein Grund vorhanden, dass dem Schuldner durch die Schadenszufügung sofort eine Forderung gegen den Gläubiger erwüchse, die er dann zur Compensation in dem gegen ihn angestrengten Prozesse verwenden könnte; derselbe hat vielmehr nach wie vor lediglich einen Anspruch auf Rückübertragung des Eigenthums, und diesen erst nach Bezahlung der Schuld; es fehlt ihm also zur Compensation gegen die Schuldklage die compensable Gegenforderung. Die *exceptio doli* dient bei dieser Sachlage vielmehr einem anderweiten, der Compensation freilich nahe verwandten Zwecke: sie bringt die *aequitas* hier dahin zur Geltung, dass sie die Einforderung einer Obligation, die an sich geschuldet wird, durch deren Erfüllung aber sofort ein gleichartiger und gleichwerthiger Anspruch des bisherigen Schuldners gegen den bisherigen Gläubiger entsteht, von vornherein ausschliesst.

In l. 8 C. comp. 4, 31 (Gordianus Aurelio Emerito militi): *si propter fructus ex possessione tua perceptos vitricus tuus debitor dibi constitutus est, quum id quod a matre tua legatum est, a te petere coeperit, mutuo debitae quantitatis apud eum qui super ea re judicaturus est compensationem non immerito obicies* möchte ich dagegen, gestützt namentlich auf die Ausführungen Eisele's p. 100. 101, dass unter dem *qui judicaturus est* der Magistrat und nicht der *judex* zu verstehen sei, ein glaubwürdiges Zeugniss dafür erblicken, dass der Compensationsantrag auch damals noch exceptionsweise beim Magistrat angebracht werden musste.

In unzweifelhafter Weise wird endlich das Fortbestehen der Compensation durch *exceptio doli* in jener Periode bezeugt durch die l. 8 § 1 ratam rem 46, 8 von Venulejus aus dessen l. 15 stipulationum.

Fitting (p. 17—19) ist zwar der Ansicht, dies Fragment stamme bereits aus der Zeit des Antoninus Pius; indessen erscheinen seine Ausführungen mir nicht so überzeugend, dass ich nicht mit der herrschenden Meinung dem Berichte des Lampridius (cf. Fitting p. 18), demzufolge Venulejus Saturninus ein Zeitgenosse Ulpian's war, auch ferner Glauben schenken möchte.

Die Stelle lautet folgendermaassen: *si procurator a debitore pecuniam exegerit et satisdederit dominum ratam rem habere, mox dominus de eadem pecunia egit et litem amiserit, committi stipulationem, et si procurator eandem pecuniam domino sine judice solverit, condicturum. sed cum debitor ex stipulatu agere coeperit, potest dici dominum, si defensionem procuratoris suscipiat, non inutiliter doli mali exceptione adversus debitorem uti, quia naturale debitum manet.*

Ein *procurator* hat also Geld von einem Schuldner eingeklagt und ihm *cautio de rato* gestellt Der *dominus* hat dies jedoch dem Schuldner gegenüber nicht ratihabirt, sondern nochmals geklagt, den Prozess aber durch Prozessverjährung verloren (cf. Eisele p. 94). Darauf (oder inzwischen) hat sich der *dominus* das vom *procurator* eingetriebene Geld von diesem auszahlen lassen.

Der Jurist entscheidet zunächst, die *cautio ratam rem* sei durch das erneute klagweise Vorgehen fällig, und der *procurator* könne das an den *dominus* Gezahlte condiciren. Es erscheint dem Venulejus aber nun doch unbillig, dass der *debitor* die Cautionssumme unbehelligt einklage; denn er würde dann, — da er sich natürlich in Höhe seiner Schuld wird haben caviren lassen, — sein ganzes Geld wiedererhalten, dem *dominus* aber fernerhin nur noch *naturaliter,* aus der durch die Prozessverjährung übrig gebliebenen Obligation, verpflichtet sein. Da nun der *procurator* natürlich für den Fall, dass er die *cautio* entrichten muss, vom *dominus* condicirt, so stände letzterer, seines Geldes wieder ledig und nur noch im Besitz einer fragwürdigen *naturalis obligatio,* als erheblich, und zwar in einer das Billigkeitsgefühl verletzenden Weise geschädigt da.

Zur Vermeidung dieser Calamität schlägt nun der Jurist folgenden Ausweg vor: Klagt der *debitor* aus der *cautio,* so mache man den *dominus* zum *defensor* des *procurator,* und gebe ihm wegen seiner *naturalis obligatio* die *exceptio doli.*

Venulejus lässt hier also eine gleichartige fällige Gegenforderung — die *naturalis obligatio* des *dominus* — gegenüber einer *stricti juris actio* durch *exceptio doli* geltend machen, und zwar zu Compensationszwecken.

Letzteres (die Geltendmachung zu Compensationszwecken) wird zwar von den Gegnern geleugnet, unter der Motivirung, die Gegenforderung sei gar nicht compensabel, denn es fehle das Erforderniss der subjectiven Gegenseitigkeit (cf. Eisele p. 94).

Darauf ist jedoch Folgendes zu erwidern: Die Gegenseitigkeit kann für den vorliegenden Fall, also für die Compensation des Prozessvertreters, zu Venulejus' Zeit noch nicht unbestrittenes Erforderniss gewesen sein; denn für die Compensation gegen den Prozessvertreter, also für die Kehrseite der in l. 8 cit. vorausgesetzten Sachlage, fand noch Paulus es nöthig, in einem *responsum* (l. 23 h. t.) die Unumgänglichkeit jenes Erfordernisses ausdrücklich hervorzuheben. Diese rechtlichen Situationen waren eben besonders geeignet, in dem hier fraglichen Punkte doctrinäre Streitigkeiten hervorzurufen; cf. darüber Eisele p. 284—286.

Venulejus aber muss in der l. 8 die Gegenforderung ohne Gegenseitigkeit für compensabel halten und mit der *exceptio doli* ihre Compensation bezwecken. Läge dies nämlich nicht in seiner Intention, so würde sein im letzten Satz zu besserer Regelung der Sache ersonnener Ausweg ohne Zweck, weil ohne genügenden Erfolg sein; derselbe würde nämlich zwar die in Folge der im ersten Satz erwähnten Operationen eingetretene Unbilligkeit beseitigen, aber zugleich eine andere neue Unbilligkeit hervorbringen.

Denn würde mit der *exceptio doli* lediglich das Dasein der *naturalis obligatio* geltend gemacht und die letztere gar nicht zur Compensation verstellt, sondern der klagende *debitor* auf Grund der erwiesenen Existenz der Gegenforderung *pure* abgewiesen, so käme dieser um die ihm gestellte *cautio* und bliebe ausserdem dem *dominus* mit jener *naturalis obligatio* verpflichtet. Hier würde also, umgekehrt wie vorher, der *debitor* geschädigt und der *dominus*[1] in unbilligen Vortheil versetzt.

Nur wenn die *exceptio doli* die Compensation der Gegenforderung vermitteln soll, wenn also Venulejus dem *dominus* für den Fall, dass er als *defensor* auftritt, lediglich ein Compensationsrecht einräumt, wird die verwickelte Situation in einer für alle Theile vollkommen billigen und gerechten Weise geklärt: der *debitor* wird von der *naturalis obligatio,* der *procurator* von der Cautionsforderung durch die Compensation frei, und ebenso der *dominus* von der *condictio* des *procurator,* der er natürlich auf Grund der Aufopferung seiner *naturalis obligatio* eine *exceptio doli* entgegensetzen kann.

Im Hinblick auf diese Ausführungen kann es meines Erachtens keinem Zweifel mehr unterliegen, dass in der l. 8 cit. wirklich ein Compensationsfall durch *exceptio doli* enthalten ist. —

Während die soeben besprochenen Fragmente das Fortbestehen der *compensatio* durch *exceptio doli* zu Paulus' und Ulpian's Zeit klar bezeugen, hat die Aufstellung von Schwanert und Ubbelohde — welche, wie wir uns erinnern, dahin geht, dass seit Paulus und Ulpian im prozessualen Sinne *ipso jure* compensirt, d. h. der Compen-

[1] Oder eventuell der *procurator?* Wenn er nämlich zurückfordert? Es ist mir fraglich, ob seiner *condictio* gegenüber bei der gegebenen Sachlage dem *dominus* die *exceptio doli* zur Seite stände.

sationseinwand bezüglich der Art seiner Geltendmachung den civilrechtlichen Einwänden gleichgestellt sei — keinen einzigen Quellenbeleg für sich.

Sie könnte Unterstützung allein in den l. l. 4. 21 h. t. 4 C. h. t. und höchstens noch in Paulus sent. l. II. 5, 3 zu finden versuchen.

Bezüglich der drei ersten Stellen ist es aber unschwer, sich zu überzeugen, dass in ihnen von einer solchen *ipso jure*-Compensation im prozessualen Sinne nirgends die Rede ist, sondern das *ipso jure* dort überall einen rein materiellen Sinn hat, und dass aus dem Inhalt dieser Fragmente ein Schluss auf die Art und Weise der prozessualen Geltendmachung des Compensationseinwandes in damaliger Zeit überhaupt nicht gewonnen werden kann (cf. auch die Ausführungen oben p. 18—23. 28. 69 ff.).

Ein festerer Anhalt scheint das Sentenzenfragment zu sein; der Ausspruch, dass die Folge unrechtmässiger Compensationsweigerung das *plus petendo causa cadere* sei, setzt voraus, dass der Compensationseinwand nach Art der altcivilrechtlichen Einreden wirkt.

Gleichwohl ist auch diese Stelle als Beweismittel für die Gegner unverwerthbar. Sie ist uns nämlich lediglich aus dem Breviar überliefert, und es sprechen zwei wichtige Momente dafür, dass ihr Schlusspassus dort in interpolirter Form aufgenommen ist, dass der ursprüngliche Text dagegen im Falle des *totum petere* die *exceptio doli* wirksam werden liess.

1. Das erste Moment ist der Umstand, dass die Stelle in dem uns überlieferten Text sich zu Allem, was uns sonst glaubwürdig über das Compensationsverfahren im *stricti juris judicium* zu Paulus' Zeit berichtet ist, im auffälligsten Gegensatz befindet, und dass sie mit diesem widersprechenden Inhalt ganz isolirt dasteht.

2. Das zweite Moment ergiebt die Wahrnehmung, dass, wenn der Schlusspassus ursprünglich von *exceptio doli* sprach, derselbe im Breviar im Wesentlichen in der uns überkommenen Fassung redigirt werden musste.

a) Das Institut der *exceptio* ist nämlich in das Breviar überhaupt nicht mehr aufgenommen. Nur in zwei Stellen begegnet uns dort noch das Wort *exceptio* in seiner technisch prozessualen Bedeutung: in l. 1 t. 3. l. II. C. Th. de omissa actionis impetratione von Theodos und Valentinian a. 428: *nulli .... non impetratae actionis ... opponatur exceptio,* wo von einer prozesshindernden Einrede gehandelt wird (cf. übrigens Bethmann-Hollweg III. § 152 Anm. 31) —; und sodann in dem augenscheinlich corrumpirten § 2 tit. 1 l. I. Pauli sent. de pactis et conventis: *omne pactum posteriore pacto dissolvitur, licet pariat exceptionem* . . ., dessen wahrer Text uns erhalten ist in der Consult. vet. ICti IV. 4: *in bonae fidei contractibus pactum conventum alio pacto dissolvitur: et licet exceptionem pariat, replicatione tamen excluditur.*

Sonst ist von diesem Wahrzeichen des klassischen Prozessrechts in der westgothischen Compilation keine Spur mehr zu entdecken. Namentlich auch nicht in Paulus' Sentenzen und der epitome Gaji, trotzdem genug Titel aufgenommen sind, wo im ursprünglichen Text dieser Werke von *exceptio* nothwendig die Rede sein musste resp. bezeugtermaassen die Rede gewesen ist; ich erinnere nur an Pauli sent. l. I. 1 (de pactis), I. 8 (de dolo malo), I. 20 (de fidejussore et sponsore), II. 10. 11 (ad. Sct. Macedonianum resp. Vellejanum), Gaji epitome l. II. 1. 6 de rebus, zu vergleichen mit Gajus inst. II. 76—78. Aus diesen letzten, vom Impensenersatz gegenüber der *rei vindicatio* handelnden Stellen erhellt die Tilgung der *exceptio* im Breviar ganz besonders: cf. Gajus inst. II. 76: *(si) impensas solvere nolimus .... poterit nos per exceptionem doli mali repellere;* II. 77: *si petam ..... nec impensam solvam, per exceptionem doli mali summoveri potero;* II. 78: *si . . . petas . . nec . . . solvas, poteris per exceptionem doli mali summoveri* — und dagegen die epitome: *illis qui aliena praesumserint, hoc competit, ut expensas vel impendia quae . . . fecerint, a dominis qui rem factam vindicant, recipere possint.*

In die beiden am Anfang erwähnten Stellen ist der Ausdruck *exceptio* jedenfalls auch nur durch Redaktionsflüchtigkeiten hineingekommen. Die *interpretatio* zu C. Th. II. 3. 1 giebt den betreffenden Passus mit *nullus . . . videtur praejudicium incurrere* wieder; und bei der Sentenzenstelle schweigt der Interpret zu dem unverständlichen *licet pariat exceptionem* gänzlich und resümirt nur den sonstigen Inhalt mit den Worten: *si de una re inter ipsas personas duae pactiones fiant, posterior valebit.*

b) Die Exceptionsthatbestände des klassischen Rechts treten im Breviar aber auch nicht in der Form und Bezeichnung von *praescriptiones* auf. Während wir in der justinianischen Compilation eine *praescriptio rei judicatae, transactionis* etc., sogar eine *praescriptio doli mali* verzeichnet finden (cf. Brissonius s. v. *praescriptio*), kennt das Breviar als *praescriptiones* hauptsächlich nur Prozesseinreden (so C. Th. IX. 1. 1 de acc. et inscr., eod. 4. 6 ad legem Juliam de adulteriis, Pauli sent. V. 36. 2 de dimissoriis literis); von materiellrechtlichen giebt es diese Bezeichnung lediglich der Einrede der Verjährung (C. Th. IV. 9. 1 de his qui a non domino, VIII. 9. 1 § 3 de maternis bonis . . ., Nov. Valent. III. tit. VIII de triginta annorum praescr., eod. tit. IX de colonis vagis, Pauli sent. l. V. 2. 3. 4 de usucap.).[1] Von einer *praescriptio doli mali* insbesondere findet sich keine Spur, trotzdem in dem vorerwähnten Passus der *epitome* Gelegenheit genug war, mit ihr hervorzutreten, falls man sie kannte, — und ebenso z. B. in der *interpretatio* zu l. 1 und 2 C. Gregoriani tit. VI de rei vindicatione.

c) Unter diesen Umständen bleibt keine andere Annahme übrig, als dass die Exceptionsthatbestände in Bezug auf ihre prozessuale Geltendmachung und Wirkung im Breviar den dem älteren Civilrecht entstammenden Einredethatbeständen völlig gleichgestellt worden sind.

d) War aber Letzteres der Fall, so mussten, wo in die Compilation Stellen aufgenommen werden sollten, welche von den prozessualen Wirkungen einer *exceptio* sprachen (z. B. von *exceptione summoveri*, *repelli, exceptio obstat, nocet*), diese Ausdrücke zuvor geändert, und zwar in die entsprechenden civilrechtlichen umgesetzt werden.

Stand also in unserem Fragment etwa: *si totum petas, doli exceptio nocet*, so mussten die Compilatoren die letzteren Worte jedenfalls durch „*causa cadis*" ersetzen. Die Hinzufügung der Begründung „*plus petendo*" war nicht nothwendig, aber durchaus passend; denn auch wenn man wie die Breviatoren durchaus von materiellen *ipso jure*-Theorien frei ist,[2] kann man doch sehr wohl das Verhalten des unbegründet die Compensation weigernden Klägers ein *plus petere* nennen: allerdings ein *plus petere* von eigenthümlicher Natur und demjenigen, was die klassische Zeit unter diesem Ausdruck verstand, wenig ähnlich; denn Kläger fordert hier nicht schlechtweg zuviel, sondern er *petit* nur zuviel, er fordert nur klagweise mehr als ihm zukommt. —

Die beiden angezogenen Momente machen die von uns behauptete Interpolation meines Erachtens zur Gewissheit. Die Aufstellung von Schwanert und Ubbelohde entbehrt demnach der Grundlage in den Quellen. —

Im Hinblick auf die bisherigen Ergebnisse wird man mit Fug und Recht die Fortdauer des unter Marc Aurel eingebürgerten Verfahrens zu Paulus' und Ulpian's Zeit behaupten können. Man wird aber, auf dieses Resultat gestützt, das Fortbestehen auch für die noch übrige Zeit des dritten Jahrhunderts als gewiss annehmen dürfen; aus den Quellen ergiebt sich nichts dawider, und somit ist die Praesumtion für die Fortdauer bis zum Untergang des Formularprozesses jedenfalls vorhanden.

---

[1] Nur einmal wird ganz vereinzelt mit *praescriptio* bezeichnet die andersartige materielle Einrede in C. Th. IV. 8. 2. §§ 1—3 de liberali causa.

[2] Dass sie denselben nicht huldigten, beweist die *interpretatio* zu unserer Stelle.

II. Dafür, dass der bisherige Charakter des Compensationsverfahrens im *stricti juris judicium* auch nach der allgemeinen Einführung des Extraordinarprozesses die ganze vierte Periode hindurch, *mutatis mutandis,* gewahrt blieb, dass es also namentlich zur Geltendmachung des Compensationsrechtes nach wie vor der Opponirung einer *exceptio doli* bedurfte, lässt sich Folgendes anführen.

Justinian muss mit seiner in l. 14 C. h. t. gegebenen Verordnung: *compensationes ex omnibus actionibus ipso jure fieri sancimus* .... eine Bestimmung für das prozessuale Compensationsrecht gegeben haben. Jene Worte lassen, an sich betrachtet, von vornherein nur eine zweifache Beziehung zu: entweder kann man in ihnen eine Umgestaltung des materiellen Compensationsrechts durch Einführung der alten Selbst-Aufhebung suchen, oder aber man muss sie in der von uns angedeuteten Weise auslegen; ein Drittes ist meines Erachtens nicht möglich. Auch die erste Interpretation erscheint aber ausgeschlossen,[1] sobald man den Inhalt des im *corpus juris* zur Compensationslehre überlieferten Quellenmaterials in seiner Gesammtheit überschaut und sich dabei vergegenwärtigt, dass diese Rechtssätze, auch soweit sie ihren ersten Ursprung der vorjustinianischen Zeit entnehmen, dennoch sämmtlich als geltendes justinianisches Recht aufzufassen sind. Denn dieses Quellenmaterial constituirt — mit Ausnahme einiger weniger Stellen (l. l. 10. 21 h. t.), deren Abweichungen oben bereits genügend erklärt sind — das materielle justinianische Compensationsrecht demjenigen der klassischen Zeit völlig entsprechend; und in dem letzteren hat eine materielle *ipso jure compensatio* keinen Platz. Der Umstand, dass Theophilus in seiner Paraphrase zum § 30 I. act. in die l. 14 C. dennoch diesen materiellrechtlichen Sinn hineinträgt, ist zwar befremdlich, aber dem klaren Inhalt des Gesetzbuches selbst gegenüber nicht beweiskräftig; Theophilus ist in der Auslegung des *ipso jure* eben zu weit gegangen.

Es bleibt demnach nur die Möglichkeit der prozessualen Beziehung. Wenn nun die l. 14 C. eine prozessuale Bestimmung trifft und diese mit „*compensationes ipso jure fieri sancimus*“ bezeichnet, so erscheint, nach Allem, was uns über die prozessual technische Bedeutung von *ipso jure* sonst bekannt ist, für jenen Ausdruck nur eine Deutung möglich: der Compensationseinwand solle bezüglich seiner Geltendmachung den dem älteren Civilrecht entstammenden Einreden

[1] Ich führe hier von den zahlreichen Argumenten, durch welche man diese von mir getheilte Anschauung zu vertheidigen versucht hat, nur das mir am Wichtigsten Erscheinende an; eine ausführlichere Begründung geht über den Rahmen dieser Schrift hinaus.

gleichstehen, und nicht als *exceptio* resp. *praescriptio* behandelt werden. Es muss auch im Prozess der vierten Periode noch ein prozessualer Unterschied zwischen diesen beiden Defensionsarten bestanden haben. Wozu sonst die konsequent durchgeführte Beibehaltung des Begriffes der materiellrechtlichen *exceptio*, die des Oefteren recipirte Gegenüberstellung von *ipso jure* und *ope exceptionis* wirkenden Thatbeständen! — Welcher Art dieser Unterschied gewesen ist, das lässt sich freilich bei dem jetzigen Stande der Quellen nicht beweisen. Wieding (§ 15) hat einen sehr ansprechenden Erklärungsweg eingeschlagen, indem er annimmt, die Differenz liege in dem Zeitpunkt, bis zu welchem die Einwände des Beklagten vorgebracht werden konnten; aber ein unanfechtbarer Beweis für diese Aufstellung ist von Wieding nicht erbracht, wiewohl der § 1 der l. 14 C. sie sehr unterstützt.

Wenn nun ferner Justinian in der l. 14 C. bestimmt: *compensationes ex omnibus actionibus ipso jure fieri sancimus nulla differentia in rem vel personalibus actionibus inter se habenda*, so legt das den Schluss sehr nahe, dass bisher zwar schon bei einigen, aber noch nicht bei allen Klagarten *ipso jure*, bei einer oder einigen vielmehr bis zu dem fraglichen Gesetz *ope exceptionis* compensirt wurde; die weitere Annahme, dass zu den letzteren Klagarten die *stricti juris actio* zählte, hat im Hinblick auf die Vorgeschichte der Compensation im *stricti juris judicium* nicht weniger Wahrscheinlichkeit für sich.

Ein ferneres Argument für die Fortdauer der *compensatio* durch *exceptio doli* während der vierten Periode gewährt die l. 11 pr. C. depositi 4, 34 von Justinian, aus dem Jahre 529 (also zwei Jahre vor der l. 14 cit. erlassen) (cf. Eisele p. 132. 133). Diese Stelle bezieht sich, wie ich im Hinblick auf den Inhalt der §§ 1 und 2 derselben glaube, in dem Passus *nullam . . compensationem vel deductionem vel doli exceptionem opponat* nur auf Compensation, nicht auch auf Retention, und würde demnach die Fortdauer der Compensation durch *exceptio doli* gegenüber der *stricti juris actio* (cf. Eisele p. 133) bis auf Justinian direct beweisen. Indess lässt sich bei der unklaren Redeweise der Constitution über den Geltungsbereich jenes Verbotes streiten. Erachtet man aber mit Eisele die Retention demselben ebenfalls unterstellt, so ist dann jedenfalls soviel gewiss, dass während der vierten Periode die *exceptio doli* zur Geltendmachung des Retentionsrechts noch verwandt wurde; und darin liegt, bei der nahen Verwandtschaft der Retention mit der Compensation, dann jedenfalls ein starkes indirectes Argument dafür, dass auch bezüglich der letzteren damals noch das Gleiche gegolten hat.

Das *plus petendo causa cadis* in Pauli sent. II. 5. 3 lässt sich mit den bisherigen Ergebnissen durch die Annahme vereinigen, dass es nicht schon einer weströmischen Bearbeitung der Sentenzen, etwa aus dem vierten oder fünften Jahrhundert, entstammt, sondern erst eine Interpolation der westgothischen Compilatoren ist. Diese Annahme ist bei unserer Auffassung von der *exceptio doli* der l. 11 C. dep. nothwendig. Aber auch wenn man diese *exceptio doli* der l. 11 cit. auf den Fall der Retention bezieht, muss man sich meines Erachtens jener Behauptung anschliessen. Denn dann steht jedenfalls soviel fest, dass die *exceptio* im Breviar aus dem Gebiete des Retentionsrechts erst durch die Breviatoren entfernt wurde (vgl. l. 11 C. dep. mit Gajus II. 76 und 78 und Epitome II. 1. 6); der Rückschluss auf das Compensationsrecht ist nicht gut abzuweisen.

Unsere Schlussfolgerung geht demnach dahin, dass die *compensatio* durch *exceptio doli* auch während der vierten Periode, bis zur l. ult. C. h. t., im *stricti juris judicium* fortbestanden hat. Diese Compensationsart hat also seit Marc Aurel die vorjustinianische Zeit ununterbrochen beherrscht. Was den Umfang ihres Geltungsbereiches anbetrifft, so scheint es — um dies noch zum Schluss kurz zu erwähnen —, dass sie die älteren singulären Compensationsmodi der *actio cum compensatione* resp. *cum deductione* aus dem *stricti juris judicium* sofort mit ihrem Entstehen oder wenigstens sehr bald nachher verdrängte; denn nach Gajus findet sich von diesen beiden Instituten keine bestimmte Spur in den Quellen mehr; namentlich aus der justinianischen Compilation sind sie gänzlich verschwunden. Die Wendungen *si quis adversus petentem compensatione deductioneve usus sit* der l. 15 rat. rem (Paulus l. 14 ad Plautium), *compensare vel deducere debes* in dem mehrerwähnten Sentenzenfragment, *nullam compensationem vel deductionem ... opponat* in der l. 11 C. depos. cit. enthalten keinen Hinweis auf jene Verfahren. Diese Zusammenstellungen wollen meines Erachtens in den beiden ersten Stellen als rein synonyme Bezeichnungen für die allgemeine Compensation im *stricti juris judicium* aufgefasst werden; in der 11 cit. möchte ich sie ebenfalls als völlig gleichbedeutend, aber hier auf die Compensation gegenüber der *actio bonae fidei* bezogen erachten.

Von der benutzten Literatur sind folgende Werke in abgekürzter Form citirt:

BRINZ: Die Lehre von der Compensation. Leipzig 1849.
v. SCHEURL: Beiträge zur Bearbeitung des römischen Rechts, Band I. Erlangen 1853.
UBBELOHDE: Ueber den Satz *ipso jure compensatur*. Göttingen 1858.
DERNBURG: Geschichte und Theorie der Compensation nach römischem und neuerem Recht etc. 2. Auflage, Heidelberg 1868.
SCHWANERT: Die Compensation nach römischem Recht (Festschrift zu HUSCHKE's Doctorjubiläum). Rostock 1870.
EISELE: Die Compensation nach römischem und gemeinem Recht. Berlin 1876.
FITTING: Ueber das Alter der Schriften römischer Juristen von Hadrian bis Alexander. In den Baseler Jubiläumsschriften, Basel 1860.
SCHOLLMEYER: Die Compensationseinrede im deutschen Reichscivilprozess. Berlin und Leipzig 1884.
WIEDING: Der justinianische Libellprozess. Wien 1865.

Druck von Metzger & Wittig in Leipzig.

Kolibri 360 GmbH
Ferdinand-Jühlke-Straße 7
99095 Erfurt, Deutschland
produktsicherheit@kolibri360.de